교회를 위한
읽는 기도
91

한치호 목사의 주요 다른 책들

애굽 왕의 명령을 어기고, 2020
보시기에 심히 좋았더라, 2020
2020-2021 주일예배 대표기도문, 2020
2020-2021 찬양·수요·구역 대표기도문, 2020
교회정착, 새신자 100일 기도문, 2020
헌신·절기·행사 대표기도문 77, 2019
자녀를 위한 365일 축복기도문(개정), 2019
52주 교회력에 맞춘 대표기도문(개정), 2017
잠언으로 자녀를 축복하는 읽는기도1, 2016
대심방 능력기도문, 2016
성경1독 사계절 가정예배서, 2015
추모·장례 설교와 기도문, 2015
가족을 축복하는 읽는기도 100일, 2015
정시기도 - 읽는기도, 2014
능력기도 예배 대표기도문, 2013
기도, 처음인데 어떻게 하나요, 2012

교회를 위한 읽는 기도 91

한치호 목사 기도

문서사역
종려가지

차 례

첫째 묶음, 교회의 비전 간구

1. 담임목사의 목회헌신 _ 8
2. 복음이 선포되는 교회 _ 10
3. 하나 된 공동체가 되는 교회 _ 12
4. 지역사회를 섬기는 교회 _ 14
5. 거룩함이 보전되는 교회 _ 16
6. 사회와 문화를 이끄는 교회 _ 18
7. 지역사회에서 칭찬받는 교회 _ 20

둘째 묶음, 교회의 지체 간구

8. 담임목사 _ 22
9. 부교역자: 목사 _ 24
10. 부교역자: 전도사 _ 26
11. 부교역자: 교육전도사 _ 28
12. 장로 _ 30
13. 집사(안수) _ 32
14. 권사 _ 34
15. 집사(서리) _ 36
16. 구역장 _ 38
17. 찬양대원 _ 40
18. 주일학교 교사 _ 42
19. 일반 성도-장년 _ 44
20. 일반 성도-청년 _ 46

셋째 묶음,
교회의 조직 간구

21. 공동의회 _ 48
22. 당회 _ 50
23. 제직회 _ 52
24. 자치기관: 남전도회 _ 54
25. 자치기관: 여전도회 _ 56
26. 자치기관: 구역회 _ 58
27. 자치기관: 상록회(어르신) _ 60
28. 자치기관: 청장년회 _ 62
29. 자치기관: 청년회 _ 64
30. 자치기관: 찬양대 _ 66
31. 교육기관: 영/유아부 _ 68
32. 교육기관: 유치부 _ 70
33. 교육기관: 유년부 _ 72
34. 교육기관: 초등부 _ 74
35. 교육기관: 소년부 _ 76
36. 교육기관: 중등부 _ 78
37. 교육기관: 고등부 _ 80
38. 교육기관: 대학부 _ 82

넷째 묶음,
교회의 회복 간구

39. 하나님의 교회 _ 84
40. 주님과의 사귐 _ 86
41. 온전히 합하라 _ 88
42. 십자가에 못 박히신 그리스도 _ 90
43. 그리스도 예수 안에 _ 92
44. 내 말과 내 전도함이 _ 94
45. 하나님으로부터 온 영 _ 96
46. 하나님의 밭, 하나님의 집 _ 98
47. 하나님의 성전 _ 100
48. 그리스도의 일꾼 _ 102
49. 교만한 마음을 가지지 말라 _ 104
50. 하나님의 나라는 오직 능력에 _ 106
51. 거룩함을 위하여 _ 108
52. 너희 몸으로 하나님께 _ 110
53. 그 약한 양심을 상하게 말라 _ 112
54. 성전에서 나는 것을 먹으며 _ 114
55. 이기기를 다투는 자마다 _ 116
56. 우리의 본보기가 되어 _ 118
57. 하나님의 영으로 _ 120
58. 내가 온전히 알리라 _ 122
59. 그 말을 굳게 지키고 _ 124
60. 영원을 향한 추구 _ 126
61. 사랑으로 행하라 _ 128
62. 주 예수의 날에 _ 130

다섯째 묶음, 교우의 상황별 간구

63. 세상적인 것들에 마음을 둠 _ 132
64. 욕심의 미혹을 받는 지체 _ 134
65. 재물에의 탐욕에 끌림 _ 136
66. 거짓에의 유혹을 받음 _ 138
67. 부부가 서로 갈등을 겪음 _ 140
68. 고부의 갈등을 겪음 _ 142
69. 부모-자녀의 갈등을 겪음 _ 144
70. 가족 중에 불의한 일에 가담 _ 146
71. 빚을 져서 도피 중인 가족 _ 148
72. 재판을 받는 중에 있는 가족 _ 150
73. 가족 중에 교도소에 수감되어 있음 _ 152
74. 공부에 흥미를 잃은 자녀 _ 154
75. 자녀가 나쁜 친구들과 어울림 _ 156
76. 일탈행동을 일삼는 자녀 _ 158
77. 뜻하지 않게 질병에 걸렸을 때 _ 160
78. 졸지의 사고로 다쳤을 때 _ 162
79. 장애의 상처를 갖게 되었을 때 _ 164
80. 식구들의 애정결핍 _ 166
81. 배우자의 불륜 _ 168
82. 이혼을 하게 되었을 때 _ 170

여섯째 묶음, 교우의 경조사 간구

83. 첫돌(백일) 잔치 _ 172
84. 생일 잔치 _ 174
85. 회갑 잔치 _ 176
86. 고희 잔치 _ 178
87. 약혼 예식 _ 180
88. 결혼 예식 _ 182
89. 개업 _ 184
90. 임종 _ 186
91. 장례 _ 188

헌 사

나의 신앙의 집이며,
나의 사랑의 삶인
주님의 몸된 교회에
이 책을 바칩니다.

첫째 묶음, 교회의 비전 간구

1. 담임목사의 목회헌신

골 1:25

내가 교회의 일꾼 된 것은 하나님이 너희를 위하여 내게 주신 직분을 따라 하나님의 말씀을 이루려 함이니라

하나님 아버지,

여호와 앞에서 존귀한 ○○교회의 지체들을 인도하시며, 기도해주시는 목사님을 모신 것을 기쁘게 여깁니다. 하나님께서 ○○의 공동체를 사랑하시며, 인도해주시기 위하여 담임목사님의 지도를 따라 지내게 하신 줄로 믿습니다.

○○○ 목사님께서 선한 목자의 모습으로 교회를 위해 헌신하시고, 교회에 등록되어 있는 양떼를 먹이시느라 불철주야 수고하게 하시니 감사합니다. 저희들은 그 모습에 먼저 은혜를 경험합니다. 교회는 부흥하고, 온 성도들이 주 안에서 이기는 생활을 하게 하시니 그 높으신 은혜에 찬양을 드립니다.

복음을 위해서 목숨을 바치시기로 작정하신 목사님께 앞으로는 더욱 더 성령님의 충만하심이 물 붓듯이 쏟아지기를 빕니다. 이로써 존경하는 종의 사역에 성령님의 열매가 나타나기를 빕니다. 하늘의 문이 열려지고, 천상의 은혜가 ○○교회에 갑절이나 더해지시게 하시옵소서. 그 은혜와 권능으로 양떼를 인도하시는 데 조금의 부족함이 없게 하시옵소서.

주님의 몸 된 교회를 위하여 봉사하시면서 목회자의 소명에 따라 하나님의 말씀을 이루려 하시는 목사님의 소원이 이루어지시기를 원합니다. 늘 슬퍼하는 자와 피로에 지친 사람들을 그리스도의 사랑으로 위로하시기 원하시는 소원이 열매 맺도록 하시옵소서. 목사님의 모든 활동과 직무를 통하여, ○○교회는 하나님의 말씀을 이루고, 주님의 영광을 더욱 드러나게 하시옵소서.

예수님의 이름으로 간구합니다. 아멘 †

2. 복음이 선포되는 교회

고전 7:17

오직 주께서 각 사람에게 나눠 주신 대로 하나님이 각 사람을 부르신 그대로 행하라 내가 모든 교회에서 이와 같이 명하노라

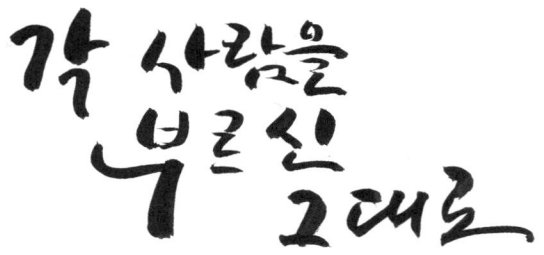

하나님 아버지,

우리 주님의 피로 ○○교회를 세워주신 하나님을 찬양합니다. 오늘도 죽어가는 사람들을 구원하시려고, ○○의 지체들을 통하여 복음을 전파하게 하시니 감사드립니다. 복음에 빚을 지고 있는 저희들, 담임목사님과 하나 되어서 복음을 전하는 교회로서의 사명에 충성으로 감당하게 하시옵소서. 하나님의 뜻을 섬기면서 이 지역사회에서 지금까지 주님의 일을 해 온 ○○교회를 기뻐합니다. 앞으로는 갑절로 더 복음을 전하여 보다 많은 이들이 구원에 이르도록 돕는 방주로 삼아주시옵소서.

사랑하는 우리 ○○교회에 전도의 영을 부어주시옵소서. 교회에 속해서 주님께 한 몸이 된 지체들이 전도의 영으로 충만하기를 원합니다. 장년에서 어린이에게 이르기까지 전 권속이 전도에 헌신하게 하시옵소서. ○○의 지체들은 생명을 구하는 일에 자기 목숨을 내어놓게 하시옵소서.

이 세상에서 마지막 남은 한 사람에게 복음이 전해질 때까지 저희 교회를 보호해 주시옵소서. 저희들 모두에게 영안을 열어주셔서 하나님께서 구원하시기로 작정된 영혼들을 보게 하시옵소서. 구원을 받아야 하는 영혼들, 참 진리를 모르고 헤매고 있는 영혼들을 보게 하시옵소서. 그리하여 저희들이 받은 복음을 지금도 이 지역의 사람들과 모든 이들에게 생명의 말씀을 밝혀 전하는 ○○교회로 세워주시옵소서. 저희들에게 '부르신 그대로 행하는' 심정이 되어 복음을 전하는 소망을 갖게 하시옵소서.

예수님의 이름으로 기도드립니다. 아멘 †

첫째 묶음, 교회의 비전 간구

3. 하나 된 공동체가 되는 교회

엡 5:27
자기 앞에 영광스러운 교회로 세우사 티나 주름 잡힌 것이나 이런 것들이 없이 거룩하고 흠이 없게 하려 하심이라

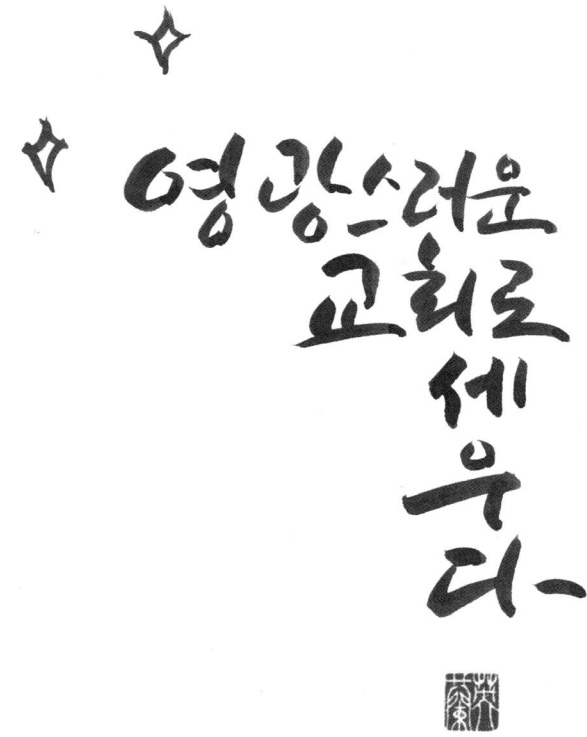

하나님 아버지,

하나님께서 존귀하게 여겨 주시는 ㅇㅇ의 권속을 하나 되게 하신 은총에 찬양을 드립니다. 담임목사님과 저희들에게 하나님께 영광스러운 교회로 세워지기를 원하는 소원을 주시니 감사합니다. 오늘도 목사님의 섬기심으로 ㅇㅇ교회가 '거룩하고 흠이 없게' 되어 가기를 원합니다. 이에, 하나님을 아버지로 모시고, 서로 사랑하면서 주님의 장성한 분량에까지 자라나게 하시옵소서.

저희들은 교회를 생각할 때마다 하나님의 말씀으로 온전해지며, ㅇㅇ교회를 중심으로 살아가기를 소망해야 할 줄로 믿습니다. 저희들이 하나님의 교회로 세워지도록 늘 기도와 가르침으로 인도하시는 목사님을 따르며 섬기되, 겸손하게 하시옵소서.

지금, 혹시라도 저희들 중에, 마음의 분열과 갈등으로 말미암아 나누인 지체들이 있다면 서로를 용서하게 하시옵소서. 서로를 받는 사랑으로 위로해 주시기 원합니다. 또한 나눔과 반목이라는 불행에 빠진 경우가 있다면 그 상처를 치유하여 주시옵소서.

성삼위 하나님의 하나 되심을 저희들의 것으로 삼기를 원합니다. ㅇㅇ의 지체들에게 은총을 베푸셔서 모든 것을 믿으며, 참으며, 바라면서 하나를 이루게 하시옵소서. 주님께서 십자가를 지시고 흘리신 보혈로 한 지체가 되었음을 늘 기억하게 하시옵소서.

오직, 십자가의 사랑으로 한 몸이 되기를 소원하게 하시옵소서. 이로써 담임목사님의 수고를 기억하게 하시고, 종의 바람에 따라 한 지체임을 고백하는 공동체가 되어가기를 소원하게 하시옵소서.

예수님의 이름으로 기도드립니다. 아멘 †

4. 지역사회를 섬기는 교회

롬 16:16
너희가 거룩하게 입맞춤으로 서로 문안하라 그리스도의 모든 교회가 다 너희에게 문안하느니라

하나님 아버지,

이미 죄로 죽었었는데, 그리스도 안에서 새 생명을 입게 하셨습니다. 오늘, 교회와 담임목사님을 위하여 마음을 열어주시니 감사합니다. 주님께서 자신의 몸을 내어주신 사랑으로 구원을 받았으니 이 사랑으로 이웃에게로 나아가 함께 하게 하시옵소서.

저에게는 신자와 불신자를 구분하지 않고, 세상을 사랑하게 하시옵소서. ○○교회는 주님의 마음으로 서로의 안녕을 바라고, 서로를 위하여 빌어주는 공동체가 되게 하시옵소서. 저희 교회가 세워져 있는 지역에서 하나님의 뜻을 구하고, 이웃을 섬기는 공동체로 인도해 주시옵소서. 하나님의 사랑으로 이웃을 섬기게 하시옵소서.

저희들에게 성령을 선물로 주셨으니, 성령 안에서 서로를 향해서 문안하는 공동체로 삼아주시옵소서. 초대 교회의 공동체처럼 마음을 같이 하게 하시며, 세상 속에서 빛과 소금이 되라고 하신 사명으로 주님의 몸을 이루게 하시옵소서.

예수님께서 세상에 계실 때, 섬김에 본이 되어주시고, 하나님의 사랑으로 기도하신 주님을 본받기를 원합니다. ○○의 권속은 서로에게 문안하기를 즐거워하고, 아무 일에든지 다툼이나 허영으로 하지 않도록 성령님의 인도를 받게 하시옵소서. 그리하여 오직 겸손한 마음으로 각각 자기보다 남을 낮게 여기는 교회가 되게 하시옵소서.

저희들에게 섬김의 영을 부어 주셔서 이웃에 대하여 봉사하는 영으로 충만하기를 원합니다. 그 영으로 서로가 섬기게 하시옵소서.

　　　　　　예수님의 이름으로 기도드립니다. 아멘 †

첫째 묶음, 교회의 비전 간구

5. 거룩함이 보전되는 교회

벧전 1:15

오직 너희를 부르신 거룩한 이처럼 너희도 모든 행실에 거룩한 자가 되라

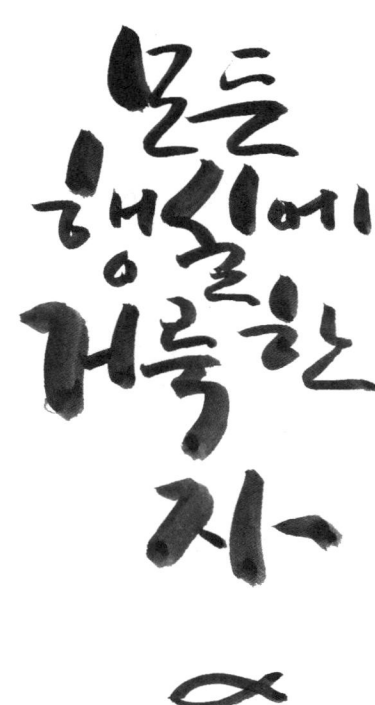

하나님 아버지,

오늘, 베풀어 주신 은혜에 감사하며, 천국을 향한 믿음의 소원을 품게 하시니 감사합니다. 하나님께 충성하시는 담임목사님과 함께 교회를 섬기라 하신 줄로 믿습니다. 교회로 말미암아 주님의 몸을 경험하면서 오늘 한 날을 지내게 하시옵소서.

○○의 권속 한 사람, 한 사람이 하나님의 교회가 되어서 거룩하게 세워지기를 원합니다. 저희들은 하나님의 거룩하심을 자기의 것으로 받아 거룩함을 이루어 가게 하시옵소서. 오늘 하루의 살아가는 행실에서 무엇에든지 거룩함으로 지내게 하시옵소서.

오늘, 말씀에 순종하는 생활로 저희들의 영혼이 굳건히 세워지도록 성령님께서 강권해 주실 줄로 믿습니다. 사랑하는 권속에게는 거룩함을 사모하며 지내는 삶에서 죄를 거절하는 은혜를 누리게 하시옵소서.

이로써 ○○교회가 담임목사님과 믿음의 선배들의 사랑어린 지도를 받아 온전함에 이르기를 원합니다. 이 분들의 기도와 사랑을 통해서 주님 앞에서 봉사의 일을 할 수 있기까지 자라게 하시옵소서. 그리하여 그리스도의 몸으로 세워지게 하시옵소서.

저희 교회의 성도들이 하나님의 품에서 자라는 일에 날로 더 열심을 내고 부지런해지게 도와주시옵소서. ○○의 지체들이 하나님 앞에서 천국 백성으로 갖추어 지는 것에 기뻐하게 하시옵소서. 저희들의 심령에 언제나 주님께서 친히 임재하심을 믿습니다. 각 사람이 저희를 부르시는 모든 곳, 모든 만남, 모든 일에 성령님께 순종해 거룩한 교회로 세워지게 하시옵소서.

예수님의 이름으로 기도드립니다. 아멘 †

6. 사회와 문화를 이끄는 교회

행 2:47

하나님을 찬미하며 또 온 백성에게 칭송을 받으니 주께서 구원 받는 사람을 날마다 더하게 하시니라

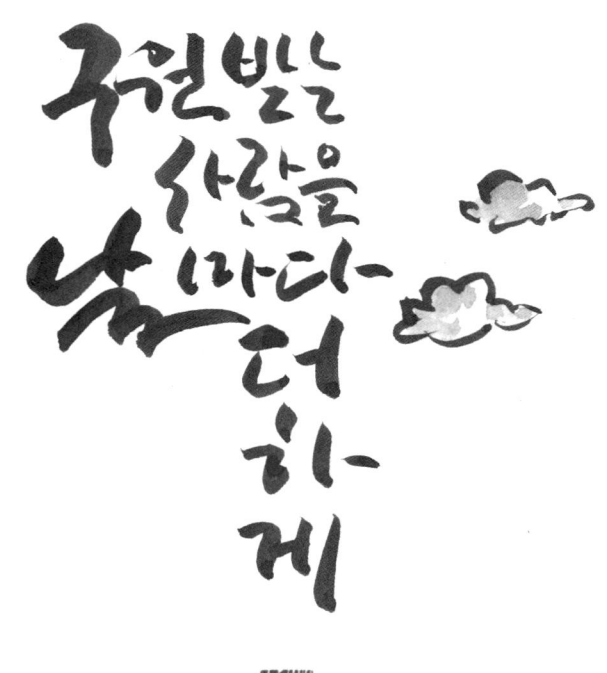

하나님 아버지,

우리가 사랑해야 하는 ○○교회를 위하여 두 손을 모으게 하시니 감사합니다. 주님께서 세상에 계실 때, 우는 자들과 함께 하셨듯이 ○○의 공동체도 그리해야 될 줄로 믿습니다.

담임목사님을 중심해서 권속 한 사람, 한 사람이 성령님으로 교통하며, 세상을 향해 복음을 전하는 주님의 몸을 이루게 하시옵소서. 그리하여 보여 지는 주님의 몸으로써의 ○○교회가 예배 시간에만 모였다가 흩어지는 곳이 아니기를 원합니다.

저희들에게 지금, 이 시대에 ○○교회를 여기에 세워주신 하나님의 의도를 여쭙게 하시옵소서. 이로써 하나님께서 원하시는 일들을 받들게 하시옵소서. 이 사회에서 죄로 부패되어 가는 부분을 깨끗하게 하는 소금의 역할을 감당하게 하시옵소서.

세상을 향해서 교회의 사명을 감당하도록 도와주시옵소서. 이웃을 사랑하고, 아픈 이들은 위로하며, 병든 이들을 위해서는 기도를 하는 공동체로 만들어 주시옵소서.

하나님께서 자기의 아들을 세상에 주셨던 것처럼, ○○교회도 주님의 몸으로서 우리 자신을 사회에 내어 주어, 어두운 자리를 밝히게 하시옵소서. 그리고 모자란 부분을 채워 주는 아름다운 교회로 만들어 주시옵소서.

또한 이 사회를 바르게 하는 일에 앞장서서 더욱 굳게 함으로써 사회를 섬기는 종이 되게 하시옵소서. 이로써 죽음의 땅에서 영생의 문화를 꽃피어가게 하시옵소서.

예수님의 이름으로 기도드립니다. 아멘 †

7. 지역사회에서 칭찬받는 교회

마 16:18

또 내가 네게 이르노니 너는 베드로라 내가 이 반석 위에
내 교회를 세우리니 음부의 권세가 이기지 못하리라

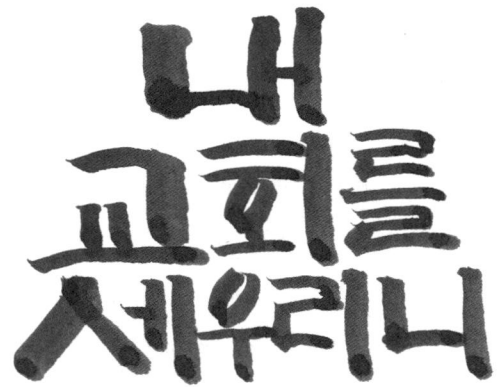

하나님 아버지,

○○교회를 이 지역에 세우시고, 하나님을 영화롭게 해드리며 세상을 섬기게 하셨음에 감사합니다. 우리 교회에 속한 지체들이 하나님을 사랑하고, 이웃을 사랑해야 될 줄로 믿습니다. 주님을 그리스도로 고백하고, 반석으로 세워지게 하시옵소서.

사랑하는 권속에게 주님의 제자로 살아드리기를 소원하는 마음을 품게 하시고, 하나님께서 구원하시기로 작정된 영혼들을 찾는 공동체가 되기를 원하게 하시옵소서. 그리하여 세상을 위하여 자신의 모든 것들을 내어 주는 교회가 되게 하시옵소서.

우리 주님께서 세상에 오셨던 것처럼, 저희들을 세상으로 보내주시옵소서. 저희들에게 있는 생명의 말씀을 죽어가는 이들에게 거저 줄 수 있게 하시옵소서.

이로써 길을 잃고 헤매는 영혼마다 하나님께로 돌아오도록 인도하는 반석이 되게 하시옵소서. 구원에로 인도하는 반석, 소망을 갖게 하는 반석의 사명에 충성하게 하시옵소서.

지금, 이 시간에도 구원을 받아야 할 세상 사람들을 위하여 문이 열려진 교회가 되게 하시옵소서. 저희들이 누리는 생명의 복을 거저 받았으니 평안이 필요한 이들에게 거저 주게 하시옵소서.

이에, 저희들이 먼저, 주님의 목적을 깨달아 받들어서 끝까지 따르게 하시기를 원합니다. 세상을 향해서 주님의 말씀에 순종하여 지키게 하시옵소서. 저희들 각 사람이 교회가 되어 죄와 탐욕으로 얼룩진 세상에 의의 행실로 다가가게 하시옵소서. 천국 복음을 전파하며, 눌린 자를 자유케 하는 교회가 되게 하시옵소서.

예수님의 이름으로 기도드립니다. 아멘 †

8. 담임목사

고전 12:28

하나님이 교회 중에 몇을 세우셨으니 첫째는 사도요 둘째는
선지자요 셋째는 교사요 그 다음은 능력을 행하는 자요
그 다음은 병 고치는 은사와 서로 돕는 것과 다스리는 것과
각종 방언을 말하는 것이라

하나님 아버지,

존경하는 ○○○ 목사님을 하나님께서 교회 중에 몇을 세우셨던 그 계획으로 하나님의 종으로 삼아주시니 감사합니다. 주님의 교회와 양떼를 위하여 ○○교회에서 사역하시도록 하셨다고 믿습니다. 교회를 섬기시는 동안에 의의 열매가 가득하여졌음에 기뻐합니다.

주님께서 세상에 자신의 몸을 내어주셨던 것처럼, 교회를 위하여 ○○○ 목사님께서는 자기를 내어주셨습니다. 목사님의 소명에 충성하심과 교회를 사랑하심에서 ○○의 공동체가 든든해가고 있음에 감사합니다. 그러나 저는 목사님께 주목하지 못했던 삶을 회개합니다. 목사님을 위하여 기도하기를 쉬지 말아야 하였건만 그러하지 못하였음을 용서해 주시옵소서.

바울처럼, 나의 달려갈 길을 다가도록 애쓰시는 목사님께서 이전보다 더 성령님께 붙들린 바가 되시는 감화로 인도하시옵소서. 하나님을 사랑하는 종이 기도와 말씀을 가까이 하는 중에 목자의 사명을 감당하시는 아름다움으로 지내시게 하시옵소서.

목사님께 건강의 복이 넘치기를 소망합니다. 교회를 위해서 전심으로 사역하시는 동안에, 건강이 뒷받침되도록 도우시며, 조금도 피곤하지 않게 하시옵소서. 교회의 여러 일들과 성도들을 돌아보시는 일들로 분주하실 때, 건강을 잃지 않도록 하시옵소서.

목사님을 위해서 기도하는 중에, 결단하게 하시니 감사합니다. 목사님을 사랑과 존경으로 대하며, 늘 기도를 보태게 하시옵소서.

예수님의 이름으로 기도드립니다. 아멘 †

9. 부교역자: 목사

롬 16:3

너희는 그리스도 예수 안에서 나의 동역자들인 브리스가와 아굴라에게 문안하라

하나님 아버지,

○○교회를 위하여, 하나님의 일을 위하여 ○○○ 목사님을 저희 교회에 보내주시니 감사합니다. ○○○ 목사님께서 담임목사님의 목회에 협력해 드리며 수고를 하시는 모습이 저희들이 보기에도 감격스럽습니다. 사랑하는 종의 헌신으로 ○○의 공동체가 든든히 서 가고 있어 하나님께 영광인 줄로 믿습니다.

오늘도 사랑하는 종을 통해서 담임목사님의 목회비전을 이루어 가게 해 주시고, 교회는 날로 부흥을 경험하게 하시며, 저의 동역으로 교회의 사명이 감당되게 하시옵소서. 또한 본인 자신에게도 감사와 감격이 넘치는 사역으로 이끌어 주시옵소서.

○○○ 목사님의 동역이 저희 교회에는 축복이라고 믿습니다. 존경하는 부교역자들과 교회의 중직들, 온 지체들이 같은 생각, 같은 마음, 같은 열심, 같은 수고로 하나님의 교회를 사랑하게 하셨습니다. 하나님과 교회에 유익한 종으로 사용해 주시옵소서.

교회를 통해서 하나님의 영광을 추구하시는 목사님에게 성령님의 충만하심이 있는 사역이 되게 하시옵소서. ○○○ 목사님은 '주가 쓰시겠다' 하시는 일에 무엇에나 전적으로 헌신하여 드리는 종이 되게 하시옵소서.

목사님의 가정에도 재정의 풍성함을 허락해 주시옵소서. 재정의 모자람 때문에 어려움을 겪으시지 않도록 넉넉하게 채워주시고, 남에게 나누어주고, 거저 베푸는 생활이 되도록 하시옵소서. 때마다 잔을 채우시는 하나님을 경험하도록 도와주시옵소서.

예수님의 이름으로 기도드립니다. 아멘 †

10. 부교역자: 전도사

고전 16:18

그들이 나와 너희 마음을 시원하게 하였으니 그러므로 너희는 이런 사람들을 알아주라

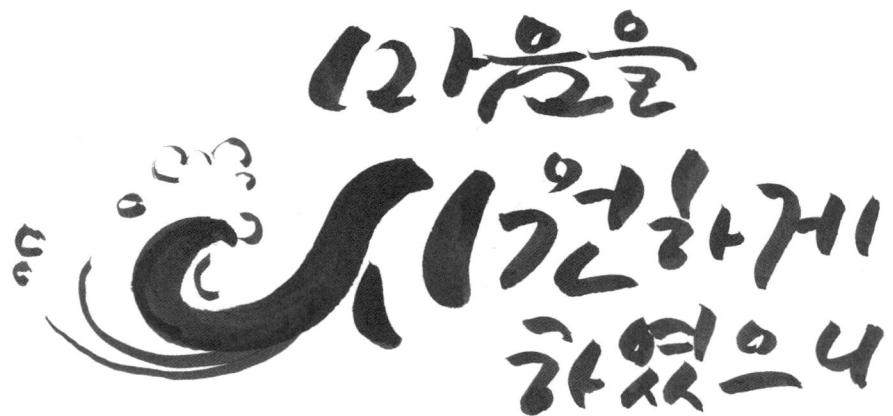

하나님 아버지,

주님의 교회를 위해서 보내주신 ○○○ 전도사님을 생각할 때면 감사합니다. 사랑하는 종이 자기를 살피지 않고, 교회와 맡겨진 사역을 위해서 애를 쓰시니 언제나 저희들에게 도전이 되십니다. 오늘도 ○○○ 전도사님의 기도와 섬김으로 ○○의 공동체는 시냇가에 심은 나무가 철을 따라 열매를 맺는 은혜를 누리고 있어 감사합니다. 전도사님의 헌신과 충성으로 ○○교회는 하나님께 영광을 드리고, 성도들의 삶이 풍성하게 하심을 경험합니다. 그의 동역을 저희들에게 기쁨으로 삼게 하시고, 그가 하려는 주님의 일에 협력하게 하시옵소서.

사실, 저는 그를 위하여 기도하는데 부족하였습니다. 전도사님께서 교회를 위해서 충성하시도록 기도를 협력해야 하는 것에 무관심하였으니 용서해주시옵소서. 가르치는 자와 좋은 것을 함께 하기를 원하는 마음을 주셔서 전도사님을 돕게 하시옵소서.

○○○ 전도사님께서 하나님을 아는 지식에서 자라게 하심에 감사드립니다. 이제, 젊은 종과 종의 가족들이 주님의 영광의 힘을 쫓아서 모든 능력으로 강건하게 하시옵소서. 이로써 ○○교회에서 사역하시는 동안에 위로부터 내려지는 힘으로 강건해져서 범사에 형통함을 보게 하시옵소서.

전도사님과 그의 가정이 제사장의 집안이 되어, 하나님 앞에서와 목양하는 성도들 앞에서 본이 되게 하시옵소서. 그 삶이 때로는 힘이 들고, 외로울지라도 감사함으로 가게 해주시옵소서.

예수님의 이름으로 기도드립니다. 아멘 †

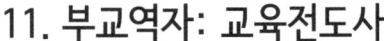

둘째 묶음, 교회의 지체 간구

11. 부교역자: 교육전도사

고후 11:2

내가 하나님의 열심으로 너희를 위하여 열심을 내노니 내가 너희를 정결한 처녀로 한 남편인 그리스도께 드리려고 중매함이로다 그러나 나는

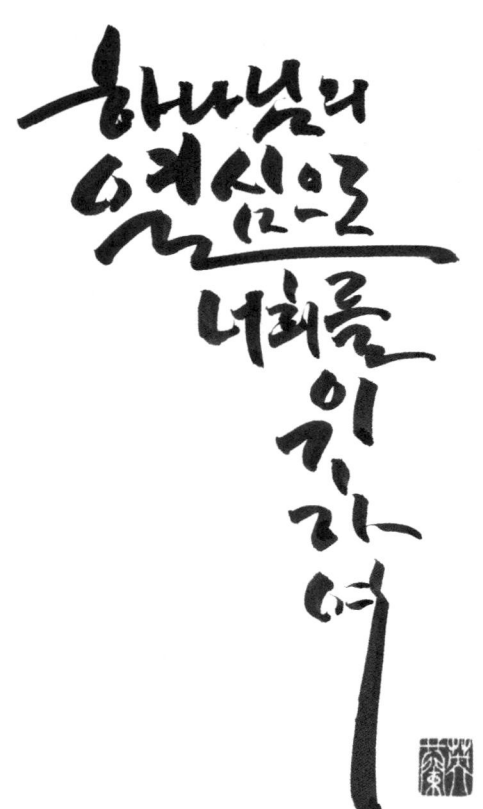

하나님 아버지,

여호와의 이름을 찾는 거룩한 시간에, 주는 홀로 이 백성에게서 소리를 높여 찬양을 드리게 하시옵소서. 언제나 소원은 하나님께 영광을 드리고, 교회를 위하여 자신을 드림으로 살아오신 ○○○ 전도사님으로 말미암아 감사드립니다.

전도사님의 수고를 보면서 하나님은 선한 일꾼을 선택하신다는 것을 확인하게 하셨습니다. 전도사님의 헌신과 섬김을 통해서 하나님의 교회는 부흥을 하게 하시옵소서. ○○ 교회와 하나님의 일을 위하여 순전한 모습으로 섬기게 하시옵소서.

사랑하는 전도사님께서 그에게 맡겨진 교육기관에서 유익한 종이 되시기를 간구합니다. 성도들을 보살피고, 돕는 중에, 믿음이 연약한 이들을 붙잡아 주며, 진리 안에서 바른 행실을 하는 은혜를 주시옵소서. 저가 하나님 앞에서 복을 짓는 생활의 결실이 교회의 사역에 나타나게 하시옵소서.

오늘도 ○○○ 전도님께서 섬기시는 지체들이 하나님이 품에 안긴 삶을 누리기를 원합니다. 전도사님의 기도와 헌신 그리고 말씀을 먹이는 사역을 통해서 신앙자의 집을 세워가게 하시옵소서. 그들이 교회 안에서 건강하게 자라도록 이끌어 주시옵소서.

전도사님의 기도와 사랑으로 그의 가정의 식구들이 행복하게 지내는 것을 볼 때, 저희들에게도 즐거움입니다. 아침과 저녁으로 기도하는 가운데 화목하게 하신 주님의 사랑이 가득한 가정이 되게 하시옵소서. 복된 가정을 이루도록 이끌어 주시옵소서.

예수님의 이름으로 기도드립니다. 아멘 †

12. 장로

골 1:24

나는 이제 너희를 위하여 받는 괴로움을 기뻐하고 그리스도의 남은 고난을 그의 몸된 교회를 위하여 내 육체에 채우노라

하나님 아버지,

○○교회를 위하시는 하나님의 자비하심을 ○○○ 장로님으로 인해 확인되게 하시니 감사합니다. 장로님을 장립해 주시고, 종을 하나님께 신실하게 하여 우리 교회를 부흥시켜 주신 줄로 믿습니다.

이제까지도 장로님이 하나님의 교회를 통해서 좋은 나무가 되어 하나님께 착한 행실의 열매를 맺도록 하시니 찬양과 경배를 드립니다. 장로님을 위하여 간구할 때, 오직 주님만을 사랑하고, 교회를 섬기시는 종으로 삼아주실 것을 빕니다.

하나님께서 사랑하시는 ○○○ 장로님께 하나님 앞에서나 성도들 앞에서 책망할 것이 없으신 일군으로 봉사하시도록 하시옵소서. 이제까지와 같이 앞으로도 오직 성령님의 기름을 부으심으로 사명을 완수하시기를 기도하게 하시옵소서. 생명을 드려서 사명으로 지내시고, 사명을 감당하여 하나님께 영광이 되는 종으로 삼아 주시옵소서. 성령님의 이끄심으로 하나님의 나라와 섬기는 교회를 위하여 충성에 충성을 다하게 하시옵소서.

사랑하는 종이 개인적으로도 신령한 삶에 힘을 쓰셔서 그의 삶이 곧 성도들에게 가르침이 되게 하시고, 목회자를 잘 받들어 섬기는 동역의 은혜를 주시옵소서. 기름을 부음 받으신 종에게 은혜를 주셔서 더욱 성실하신 종이 되시게 하시옵소서.

지금까지 주님께서 장로님과 함께 하셔서 해를 두려워하지 않게 하셨음에 감사드립니다. 이제도, 주님의 십자가로 사탄의 궤계를 물리치시며, 교회를 섬기게 하시옵소서.

　　　　　　　　　예수님의 이름으로 기도드립니다. 아멘 †

13. 집사(안수)

겔 44:14

그러나 내가 그들을 세워 성전을 지키게 하고 성전에 모든 수종드는 일과 그 가운데에서 행하는 모든 일을 맡기리라

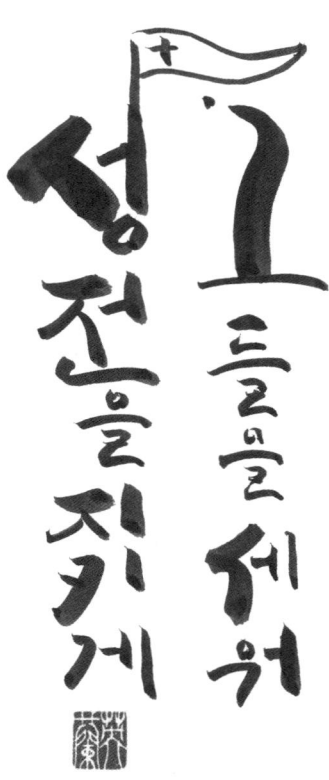

하나님 아버지,

교회를 위하여 집사의 직분을 주시고, 그들로 공동체를 지키게 하시는 하나님께 감사합니다. 여호와께 존귀한 지체, ○○○을 집사로 세워 주시고 교회를 섬기도록 하신 줄로 믿습니다.

○○의 공동체가 하나님 앞에서 섬겨야 될 일들이 많아 집사를 세워 주신 중에 ○○○ 집사님께 충성을 다하도록 하셨다고 확신합니다. 저의 봉사와 섬김으로 ○○교회가 이 땅에서 사명을 이루게 하시니 감사합니다. 교회를 든든하게 세워가고, 세상에서 교회의 사명을 아름답게 감당하도록 하심에 감격합니다.

○○○ 집사님께서 공동체에서 중간 리더로서 봉사하고 계시니 우리 교회가 하나님께 영광을 드림과 이 지상에서의 사명을 감당해 오고 있다고 확신합니다. 손을 맞잡고 동역을 하는 지체들과 함께 교회를 수종 들게 하시옵소서.

집사님에게 교회를 위하여 봉사하게 하셨으니, 즐거움으로 감당하게 하시옵소서. 목사님께서 기도를 하시는 일과 말씀을 전하시는 일에 전무하시도록 협력하는 종이 되게 하시옵소서.

하나님의 채워주심에 자신의 모든 것을 맡기시는 ○○○ 집사님이 복 되시기를 소망합니다. 그의 가정을 영화롭게 하시고, 성소로 삼아주시옵소서.

집사님께서 집에서부터 교회를 경험하게 하시며, 여호와의 은혜로 선택을 받고, 구별된 가정의 식구들은 천국에 소망을 두게 하시옵소서. 이로써 부모는 자녀들에게 축복하고, 자녀들은 부모에게 공경을 다하는 심정으로 축복하게 하시옵소서.

예수님의 이름으로 기도드립니다. 아멘 †

14. 권사

벧전 4:10

각각 은사를 받은 대로 하나님의 여러 가지 은혜를 맡은 선한 청지기 같이 서로 봉사하라

하나님 아버지,

저희들에게 반석이 되신 여호와께 영광과 존귀를 드리게 하시옵소서. ○○○ 권사님께서 크게 소리를 내지 않고, 자신의 자리를 지켜 교회의 유익을 도모해 오셨음을 기억하며 감사합니다.

권사님께서 평생을 하나님과 교회를 위해서 살아오시며, 지금도 기도를 계속하게 하심을 즐거워합니다. 교회의 사명인 예배와 가르치는 일, 전도와 구제를 위해서 자신에게 있는 것을 다 드려온 여종에게 앞으로도 그렇게 하실 수 있는 은혜를 주시옵소서.

○○○ 권사님께서 구원의 은총을 누리고 지내시니 감동입니다. 권사님은 세상의 부귀영화를 얻을 수 있으셨지만 언제나 거절하고, 예수님으로 만족하려는 마음을 갖게 하시는 여호와를 찬양합니다.

권사님께서 더욱 성령님께의 충만하심으로 교회를 섬기도록 인도해 주시옵소서. 여종이 단정하신 인품으로 성도들을 대하게 하시고, 교회의 어려운 일들을 섬기게 하시옵소서. 목사님의 목회 사역을 도와드리는 동역자요, 신실한 일꾼이 되게 하시옵소서.

권사님께서 교회를 위하여 착한 여종이 되시도록 간구합니다. 하나님의 나라를 위한 충성을 성실하게 감당하는 여종이 되기 원합니다. 주님께서 제자들을 끝까지 사랑하셨던 그 심정으로, 권사님께서도 끝까지 교회를 사랑하는 마음을 갖게 해주시옵소서.

아브라함에게 복을 주신 은혜를 권사님도 경험하게 하시옵소서. 이로써 이 가정이 창대하게 되는 역사를 이루어 주시고, 그녀의 가정에 임한 복으로 하나님의 교회에 영광이 되게 하시옵소서.

예수님의 이름으로 기도드립니다. 아멘 †

둘째 묶음, 교회의 지체 간구

15. 집사(서리)

눅 12:42

주께서 이르시되 지혜 있고 진실한 청지기가 되어 주인에게 그 집 종들을 맡아 때를 따라 양식을 나누어 줄 자가 누구냐

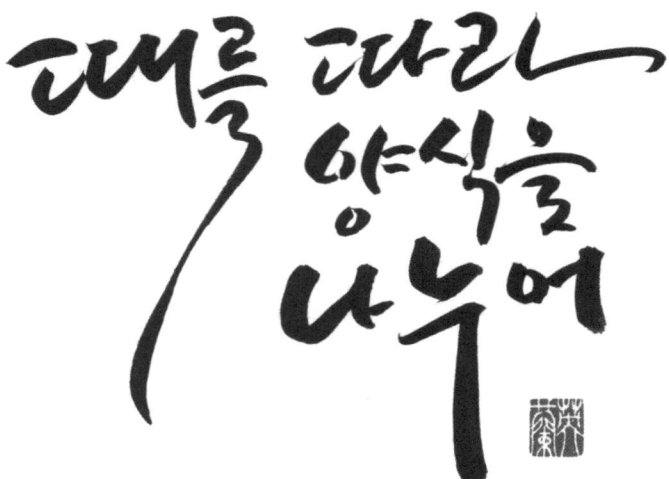

하나님 아버지,

하나님의 영이 ○○○ 집사님을 마음이 가난한 자로 여호와 앞에 세워주시니 감사드립니다. 초대 교회의 일곱 집사들처럼 믿음과 성령에 충만하신 집사님이 되시도록 은혜를 더하실 줄로 믿습니다.

집사님께서 ○○교회를 섬기시는 동안에, 모든 은혜로 말미암아 여호와의 이름을 높이고, 주의 백성이 하나님의 이름을 즐거워하게 하시옵소서. 여호와께 붙들린 종이 성령님의 충만하심으로 교회를 섬길 때, 오직 충성을 다하시도록 이끌어 주시옵소서.

이로써 ○○의 공동체를 살리는 역사가 나타나고, 복음이 땅 끝까지 전해지는 것을 보게 하시옵소서. 하나님을 사랑하는 종이 기도와 말씀을 가까이 하며 사명을 감당하게 하시옵소서.

사명을 생명으로 여기시는 집사님께서 지혜 있고 진실한 종이 되어서 하나님의 일에 수종 드는 결단을 경험하게 하시옵소서. 이제까지와 같이, 주님의 마음을 시원하게 해드리게 하시옵소서.

○○○ 집사님의 가정에 천국 문이 열리는 은혜를 소망합니다. 부모들이 하나님의 사랑에 감사하고, 주님의 영광만을 소원으로 삼고, 자녀들 또한 부모에게 공경하는 모습을 보이게 하셨습니다. 부부 사이에, 형제들 사이에, 부모와 자녀 사이에 사랑의 표현을 나누는 대화가 기도만큼이나 뜨거워지게 하시옵소서.

집사님께 재물의 은혜도 주심을 믿습니다. 아쉬울 것이 없게 하시는 하나님의 손길이 집사님의 재정에도 임하게 하시옵소서. 여호와의 부요케 하심으로 모든 착한 일을 행하게 하시옵소서.

예수님의 이름으로 기도드립니다. 아멘 †

16. 구역장

엡 3:7
이 복음을 위하여 그의 능력이 역사하시는 대로 내게 주신 하나님의 은혜의 선물을 따라 내가 일꾼이 되었노라

하나님 아버지,

하나님의 뜻을 이루시려고 ○○교회에 구역장을 세워주셔서 교회를 섬기게 하시니 감사합니다. ○○○ 구역장님께서 언제나 자기의 마음을 하나님의 교회와 교역자들에게 두게 하실 줄로 믿습니다. 하나님과 교회에 신실한 종이 되어서 담임목사님과 여러 교역자들을 도와 사명을 이루어 내도록 봉사하게 하시옵소서. 이에, 구역장님이 여호와를 기뻐하심으로 힘을 얻게 하시옵소서.

우리에게 능력이 되시는 주님 안에서 모든 것을 하도록 하셨음을 믿습니다. 구역장님은 바울을 따라서 부하거나 가난하던지, 주님을 우선으로 받으며, 모든 것에 감사로 봉사하게 하시옵소서.

오늘, 구역장님께 주님의 빛으로 살게 하시며, 여호와께 대하여 착한 행실의 삶이 되도록 도전하게 하시옵소서. 하나님을 두려워하는 종이 되어, 자신을 깨끗하게 하려는 은혜를 주시옵소서.

여호와께 존귀한 종에게 복음과 함께 받는 고난을 기쁨으로 여기게 하시옵소서. 성령님으로 충만해지시기를 사모하게 하시옵소서. 하늘에 마음을 두고서 하나님 중심, 말씀 중심, 교회 중심으로 지내시도록 인도해 주시옵소서.

하나님께 영광을 드리고, 하늘에서부터 내려지는 은총으로 거룩해져 가시는 ○○○ 구역장님과 이 가정을 볼 때, 감사드립니다. 주님께서 마련해 주신 진리와 은혜의 자리, 기쁨의 공동체를 이루는 성소로 이끌어 주시옵소서. 영생의 은혜를 주신 여호와의 손으로 충성을 다하시는 종의 생활을 만져 주시옵소서.

예수님의 이름으로 기도드립니다. 아멘 †

17. 찬양대원

시 135:2, 3
여호와의 집 우리 여호와의 성전 곧 우리 하나님의 성전 뜰에 서 있는 너희여 여호와를 찬송하라 여호와는 선하시며 그의 이름이 아름다우니 그의 이름을 찬양하라

찬양으로 영광을 원하시는 하나님,

○○교회에 귀한 직무들을 주셨는데, 오늘은 찬양대와 대원들을 위해 머리를 조아리게 하시니 감사합니다. 거룩한 직분에 선택을 받은 종들로 예배를 드릴 때마다 하나님께의 영광을 찬미하게 하시며 회중은 더 높은 경외함으로 하나님을 뵙게 하십니다.

하나님 앞에서나 교회에서 존귀한 지체들, 그들의 직무가 예배의 일인 만큼 그들 자신이 먼저 예배자로 하나님께 드려지기를 원합니다. 그들이 찬송을 부를 때, 제물로 바쳐짐으로 이끌어 주시옵소서. 찬양대원들의 헌신으로 ○○교회의 예배가 더욱 고상함에 이르게 하시고, 하늘로부터 임하는 거룩함을 누리게 하시옵소서.

오늘도 찬양대원들에게 성령님의 기름 부으심이 충만하기를 원합니다. 성령님의 인을 쳐 주심으로 그들이 찬양대석에 앉게 하시옵소서. 그들이 노래를 부름에서 ○○교회에서 하나님께 드려져야 하는 경배가 되게 하시옵소서.

사랑하는 찬양대원들에게 영적인 할례를 경험하게 하셔서 그들이 스스로 구별되었음을, 그리고 하나님의 찬양을 위해서 드려졌음에 감사하면서 예배하는 시간의 찬양을 준비하게 하시옵소서. 그들의 찬양으로 하늘에서는 천군과 천사의 화답이 있게 하시옵소서.

사랑하는 지체들의 노래는 회중에게 찬양을 드림으로 이어지게 하시옵소서. 그들의 목소리에서 하나님께 올려드리는 신앙의 곡조를 회중이 함께 누리는 은혜로 들어가게 하시옵소서.

예수님의 이름으로 기도드립니다. 아멘 †

18. 주일학교 교사

엡 4:11, 12

그가 어떤 사람은 사도로, 어떤 사람은 선지자로, 어떤 사람은
복음 전하는 자로, 어떤 사람은 목사와 교사로 삼으셨으니
이는 성도를 온전하게 하여 봉사의 일을 하게 하며
그리스도의 몸을 세우려 하심이라

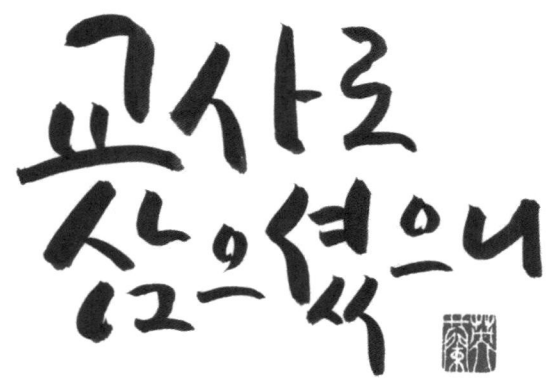

하나님 아버지,

○○교회에 교육의 사명을 주시고, 이 사역에 헌신된 교사들을 세워주시니 감사합니다. 교육의 사역으로 오늘의 교회를 내일로 잇게 하시고, 오늘 자라는 세대가 그리스도의 장성함에 이르며, 내일에의 교회를 내다보게 하셨습니다.

하나님 앞에서 ○○교회는 교육의 사명을 감당하게 하시옵소서.

- ○○의 교사들에게 교회를 교육하는 일을 단 마음으로 받아 참여하게 하시옵소서.
- 자라나는 세대를 향해서 성경을 가르치며, 그 신앙을 배우도록 하는 일에, ○○의 교사들이 봉사하게 하시옵소서.
- 신앙적 양육으로 성장을 경험하는 이들이, 교사들에게 보람이 되게 하시옵소서.

교사들이 가르치기 위해서 학생들 앞에 섰을 때, 성령님께서 그들에게 권세와 능력을 주시옵소서. 교사들 한 사람, 한 사람이 성경을 가르치는 일에 부족함이 없는 인격을 구비하도록 성령님께서 먼저 이끌어 주시옵소서. 교사들의 인격을 통해서 배우는 이들이 성도로 세워짐을 경험하게 하시옵소서. 그들의 가르침을 아이들은 감사함으로 받아 기독교인으로서의 양육을 경험하게 하시옵소서.

이제, ○○의 공동체는 한 몸으로 교사들과 함께 교회의 교육적 사명을 섬기게 하시옵소서. 가르치는 현장에서 겪게 되는 애로나 고충을 함께 나누고, 교사들을 격려하게 하시옵소서.

예수님의 이름으로 기도드립니다. 아멘 †

19. 일반 성도-장년

롬 11:12

부지런하여 게으르지 말고 열심을 품고 주를 섬기라

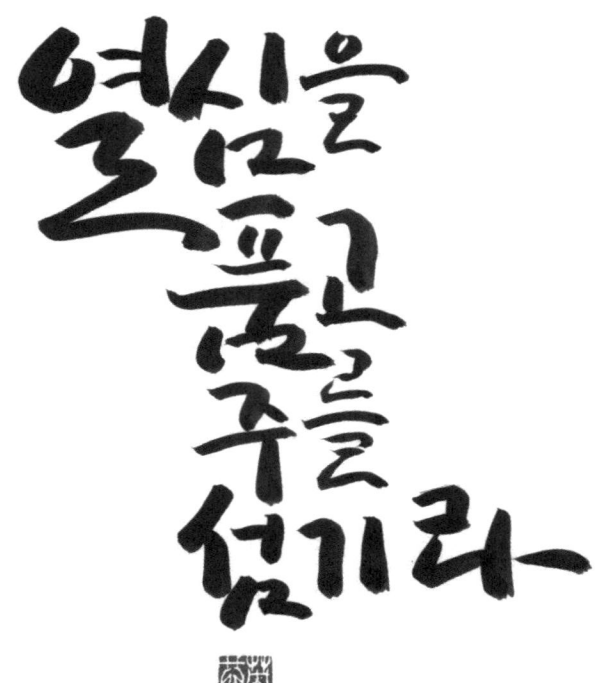

여호와 우리 주여,

하나님께서 ○○○ 성도님에게 봉사의 직무를 맡기기를 바라시는 하나님의 계획을 알게 하시옵소서. 저의 기도와 헌신으로 말미암아 주님의 몸 된 교회가 세워져나가는 비전에 대한 깨달음을 주시옵소서. 담임 목사님을 도와서 교회를 세워나가는 일에 충성하는 종이 되어 봉사의 직무를 맡는 은혜를 보여 주시옵소서.

지금, 저희들은 주님을 구하지 않고 지내는 성도들을 많이 봅니다. 성령님께서 성도님을 강권하셔서 하늘의 사람으로 살아가도록 인도해 주시옵소서. 하나님의 음성을 듣기 위해 무릎으로 나아가게 하시고, 그의 삶으로 주의 나라에 영광을 돌리게 하시옵소서.

우리 각 사람이 주님의 몸에 있는 지체로서 서로를 섬기고 봉사하여 여호와의 뜻을 이루게 하시옵소서. 성도님에게 하나님의 교회에서 기도와 수고의 땀을 흘려 주님의 영광을 드러내는 비전을 보게 하시옵소서. 이 모든 은혜가 ○○○ 성도님께서 예수님의 계명을 믿고 지키는 헌신의 열매임을 믿습니다.

하나님 앞에서 사랑하는 성도님이 자신을 자녀로 삼아 주시고, 일꾼으로 불러 세우시기를 기다리시는 하늘 아버지의 마음을 알게 하시옵소서. 초대교회의 시절에, 사도들을 도왔던 집사들의 마음이 성도님에게도 일어나기를 원합니다. 자신이 바로 주님이 찾으시는 평신도 사역자임을 깨닫게 하시옵소서.

존귀한 백성이 충성스럽게 감당할 때, 땅에서도 얻을 것이 많게 하시려고 일꾼이 되게 하시는 비밀을 깨닫게 하시옵소서.

　　　　　　　　　예수님의 이름으로 기도드립니다. 아멘 †

20. 일반 성도-청년

딤후 2:22

또한 너는 청년의 정욕을 피하고 주를 깨끗한 마음으로 부르는 자들과 함께 의와 믿음과 사랑과 화평을 따르라

하나님 아버지,

주님의 교회에서 청년들을 구별해 주시고, 그들이 천국 백성의 삶을 누리게 하시니 감사합니다. ○○교회가 청년들에게 성소를 경험하며 하나님 앞에서 자기들을 세워가는 중심이 되어 지기를 원합니다.

청년들을 위해서 간구할 때, 먼저 구합니다. 그들에게 성령님께서 강권하셔서 그들이 영의 세계는 하나님께 속해 있고, 육의 세계는 세상의 권세를 잡은 자의 손 안에 있음을 깨닫게 하시옵소서.

사랑하는 지체들에게 하나님의 나라와 세상을 구분해서 자신의 자리를 지키도록 지혜롭게 해 주시옵소서. 그리하여 하나님의 나라와 세상의 나라를 구별하고, 양쪽에 대하여 자신의 의무를 다하도록 인도해 주시옵소서.

하나님의 사랑을 입은 청년들이 기도로 말미암아 믿음의 반석으로 세워지게 하시옵소서. 여호와 앞에서 존귀한 젊은이들에게, '나의 주, 나의 하나님께' 삶의 모든 것을 맡기게 하시고, 하나님께서 인도해 주심을 풍성히 누리게 하시옵소서.

청년들이 하나님께 영광을 드릴 때 여호와를 찬양하라 하셨으니 하나님께 찬송으로 응답하게 하시옵소서. 그 은혜의 즐거움에, 그들이 더욱 더 성령님께의 충만하심으로 교회를 중심하여 지내도록 하시옵소서. 사랑하는 지체들이 단정한 인품으로 성도들을 대하며, 교회의 어려운 일에 즐거움으로 섬기게 하시고, 영적으로 더욱 성숙함에 이르게 하시옵소서.

예수님의 이름으로 기도드립니다. 아멘 †

21. 공동의회

잠 25:13

충성된 사자는 그를 보낸 이에게 마치 추수하는 날에
얼음 냉수 같아서 능히 그 주인의 마음을 시원하게 하느니라

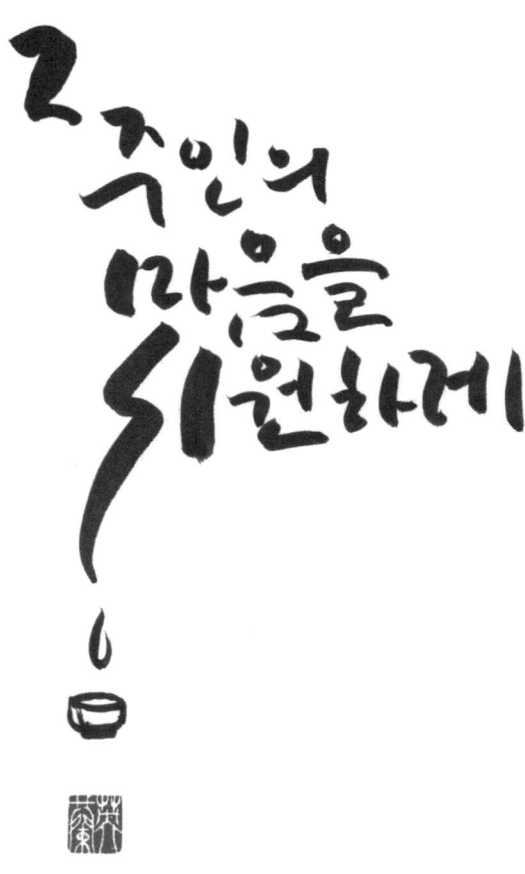

하나님 아버지,

○○교회에 교회를 운영하기 위해서 논의를 해야 하는 의결기구로 전 성도가 참여하는 의회를 주시니 감사합니다. 공동의회로 인해 전 성도가 한 몸이라는 것을 경험하게 되고, 교회를 섬기게 하시는 줄로 믿습니다.

공동의회로 ○○교회를 주관해 가시는 하나님께 영광을 드립니다. 주님의 교회가 '오늘' 이라는 상황의 현장에서 하나님의 뜻에 따라 운영이 되도록 하신다고 확신합니다.

이에, ○○의 권속은 공동의회의 의결이 곧 하나님께서 하나님의 뜻을 저희들에게 나타내어 주시는 은총이라 받아들이게 하시며, 논의된 결정에 순종하여 따름이 되게 하시옵소서. 그리하여 공동의회를 보이지 않은 인격으로 존중하게 하시옵소서.

하나님께서는 교회를 위하여 당회의 제도를 주셨습니다. 그리고 제직회라는 제도도 주셨습니다. 그러나 당회와 제직회를 포함해서 전 성도가 참여하는 포괄적인 결정기구로 공동의회를 갖도록 하셨으니 이 회의를 존귀하게 받아들이게 하시옵소서.

공동의회를 대할 때, 하나님 앞에 서는 마음을 갖게 하시옵소서. 공동의회에서 논의된 결정은 하나님께서 명령하시는 음성으로 받게 하시옵소서. 만일, 하나님을 의식하지 않는다면 인간의 논의기구로 떨어질까 염려됩니다.

○○의 성도라면 거룩한 기구가 되도록 공동의회를 대하게 하시옵소서. 회의에 참여하는 지체들, 각 사람이 하나님 앞에 선 자세로 임하게 하시옵소서.

예수님의 이름으로 기도드립니다. 아멘 †

22. 당회

딤후 4:11

누가만 나와 함께 있느니라 네가 올 때에 마가를 데리고 오라 그가 나의 일에 유익하니라

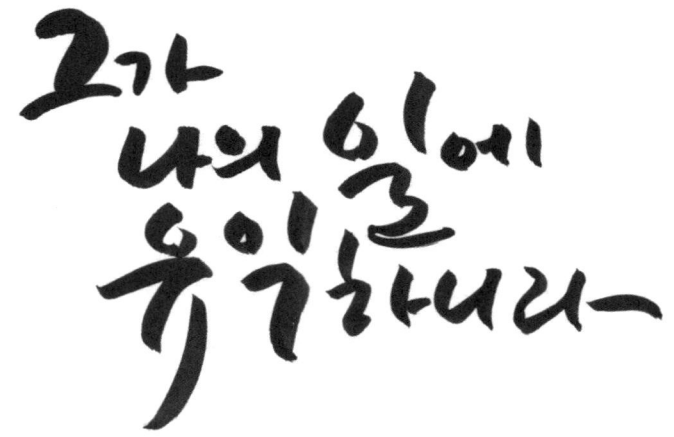

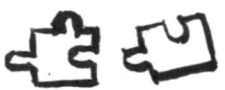

하늘과 땅을 다스리시는 하나님,

주님께서 피를 흘려 세워주신 ○○교회를 위하여 당회를 세워주신 하나님께 영광을 드립니다. 단 마음으로 섬기는 그들의 헌신에 교회 공동체가 부흥되고 있음에 감사드립니다. 오늘, 저에게 그들을 위하여 도고하도록 입술을 열어 주시니 감사합니다.

이제까지와 같이 당회원들을 하나님의 교회에서 여호와께 더욱 착한 일꾼들로 삼아 주시옵소서. 존귀하신 분들이 하나님과 교회 앞에서 유익을 끼치는 종들이 되기를 다짐하고 있습니다.

기름을 부어 세워주신 종들에게 ○○의 권속들을 위하여 수고하고, 하나님의 뜻을 받들어 섬기는 일꾼이 되게 하시옵소서. 교회 안을 두루 살피고, 어려움에 처한 이들을 섬기는 구제와 봉사에도 힘쓰게 하시옵소서. 귀하신 분들이 오직 성령님께 충만해서 섬기게 하시옵소서.

성도들로부터 존경의 대상이 된 그들에게 오직 헌신되어 섬기는 마음을 주시옵소서. 귀한 종들이 하나님 중심, 말씀 중심, 교회 중심으로 당회를 세워나가도록 하시옵소서. 혹시라도 당회를 교회를 운영하는 방편으로 삼지 않도록 하시옵소서. 오직 당회원의 직무를 감당하여 교회에 유익되게 하시옵소서.

종들이 당회로 모일 때마다, 교회의 안과 밖에서 주님의 일꾼 된 모습을 잘 보여줄 수 있는 일꾼들로 세워지기를 결단하게 하시옵소서. 당회원들이 담임 목사님께 좋은 동역자가 되어 ○○ 교회를 받들고, 교회의 사명을 자기의 일처럼 여기는 종들이 되게 하시옵소서.

예수님의 이름으로 기도드립니다. 아멘 †

23. 제직회

행 6:3
형제들아 너희 가운데서 성령과 지혜가 충만하여 칭찬 받는 사람 일곱을 택하라 우리가 이 일을 그들에게 맡기고

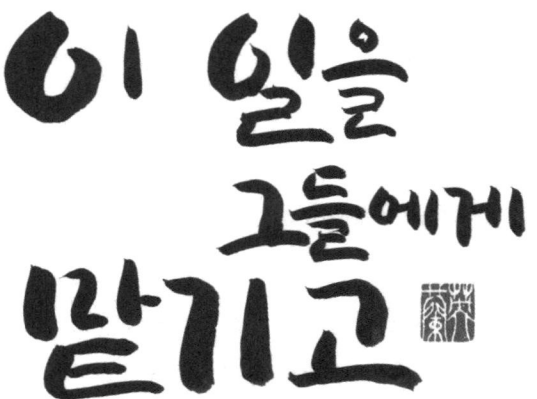

교회를 다스리시는 하나님,

여기에, ○○교회를 세워 주시고, 이곳에서 교회의 사명을 감당하는 거룩한 공동체로 삼아 주시려고 제직회를 만들어 주셨습니다. 이제, 부름을 받은 종들은 교회를 아름답게 하시려는 하나님의 의도에 순종해서 섬겨야 할 줄로 믿습니다.

하나님께서 교회에 여러 부분에서 제직을 세워주심은 목사님의 가르침을 받아 주님의 일하심을 나타내라 하심이라고 깨닫습니다. 목사님의 지도를 받들어 주님의 몸을 구현해 내는 저희들로 삼아 주시옵소서. 제직이라는 직분을 받은 저희들, 맡겨진 직무에 충성하여 주님을 영화롭게 해드리며 교회를 통해서 하나님의 뜻을 이루어가게 하시옵소서.

하늘나라의 일을 담당하도록 제직회를 세워 주신 줄로 믿고, 서로 협력하게 하시는 하나님께 찬양을 드립니다. 이로써 ○○의 제직들은 기쁨으로 교회를 섬기며, 저희들 각 사람이 하나님께 유익한 종이 되게 하시옵소서.

○○의 지체들, 저희들은 늘 제직회원들이 하나님께 충성을 다하는 일꾼들이 되도록 기도하게 하시옵소서. 성령님께서, 그들의 마음을 다스리시고, 어떤 명예를 위한 제직이 되지 않도록 도와주시옵소서.

성령을 보내 주신 하나님께 찬양을 드립니다. 하나님께서 귀하게 지켜주시는 ○○교회의 권사님들과 집사님들이 성령님께 충만하기 원합니다. 성령님이 섬기게 하심을 따라 교회와 성도들을 위하여 봉사하게 하시옵소서.

예수님의 이름으로 기도드립니다. 아멘 †

24. 자치기관: 남전도회

행 11:24

바나바는 착한 사람이요 성령과 믿음이 충만한 사람이라 이에 큰 무리가 주께 더하여지더라

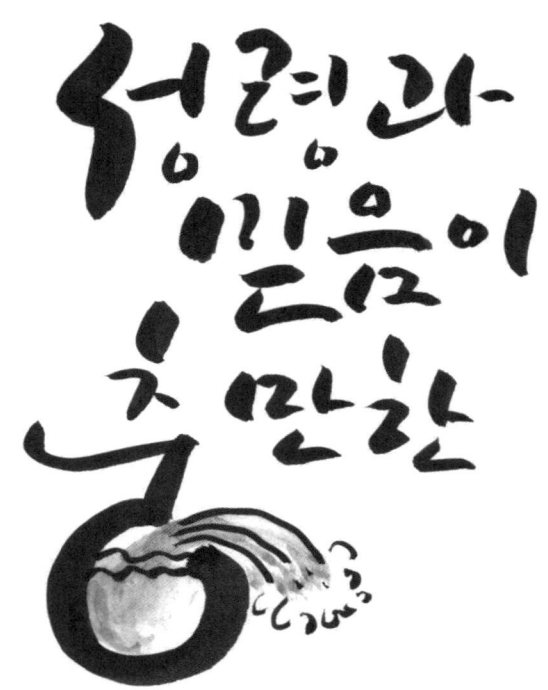

사랑의 하나님,

예수님의 피 흘리신 터 위에, 이 교회를 세우셔서 오늘도 구원받을 사람들을 불러 주시니 감사합니다. 복음사역을 위하여 ○○교회에 일꾼들을 세우셔서 남전도회로 섬기게 하셨다고 믿습니다. 이제, 저희 교회의 남전도회 권속은 오늘도 목사님께 지도를 받고, 목사님의 목회를 도와서 ○○교회가 세상을 향해서 복음을 전하는 일에 헌신되기를 원합니다. 하나님께서 구원하시기로 작정하신 영혼을 찾아 생명의 길로 인도하는 종들로 삼아 주시옵소서. 이로써 오늘도, 세상 사람들에게 빛과 소금의 사명을 감당하는 저희 교회가 되기를 원합니다. 교회가 세워져 있는 지역사회에서 그리고 이 땅의 곳곳에서, 주님의 보내심을 경험하게 하시옵소서.

이 일을 위하여 부름을 받으신 종들이 기쁨으로 봉사할 수 있도록 도와주심을 믿습니다. 존귀한 지체들, 성령님께서 저들을 충성된 일꾼들로 감화하셔서 하나님의 일을 잘 하실 수 있게 하시옵소서. 사랑하는 지체들은 모일 때마다 복음의 증인으로서 어떻게 행할 것인가를 함께 기도하게 하시옵소서.

저들과 함께 ○○교회에 주님을 위한 열심의 소망을 주시옵소서. 그리하여 예루살렘 교회의 바나바를 닮게 하시옵소서. "바나바는 착한 사람이요 성령과 믿음이 충만한 자라 이에 큰 무리가 주께 더하더라."는 말씀처럼, 남전도회가 하나님의 영광을 위해서 모인 모임이 되게 하시고, 이 모임이 하나님을 영화롭게 해 드릴 수 있도록 이끌어 주심을 믿습니다.

예수님의 이름으로 기도드립니다. 아멘 †

25. 자치기관: 여전도회

행 16:14

두아디라 시에 있는 자색 옷감 장사로서 하나님을 섬기는 루디아라 하는 한 여자가 말을 듣고 있을 때 주께서 그 마음을 열어 바울의 말을 따르게 하신지라

일꾼을 세우시는 여호와여,

○○의 공동체를 사랑하셔서, 장년 성도들의 모임으로 여전도회를 세워주셨으니 감사합니다. 여기에 모인 거룩한 지체들은 하나님의 일을 위하여, 교회를 위하여 사명을 받은 줄로 믿습니다.

여호와 앞에 존귀한 이들이, 인간 성도로만 모이지 않게 하시고, 부름을 받은 종들로 세워지게 하시옵소서. ○○교회로 하여, 하나님의 나라를 이 땅에서 이루도록 주신 사명이 많이 있음을 깨닫습니다. 하나님 앞에서 모자람이 없이 충성을 다하는 종들로 세워지도록 자신들을 준비하게 하시옵소서. 지혜로운 종들이 되어 오늘, 교회의 사명을 이루는데 앞장서게 하시옵소서.

이들이 소금과 빛이 된 사명을 섬기도록 도와주시기를 원합니다. 이들로 말미암아 교회가 부흥되고, 이 지역의 사람들로부터는 칭찬 받는 교회가 되게 하시옵소서. 그리하여 모여서 일을 할 때, 사랑이 넘쳐나는 사귐을 나누는 교제가 풍성하게 하시옵소서.

여전도회 회원들에게 목사님을 돕는 종들로 삼아 주시고, 하나님의 나라를 위하여 믿음으로 봉사하는 지체들이 되게 해 주시기를 간구합니다. 이로써 여전도회 회원들이 주님의 자녀가 된 기쁨 속에서 봉사할 일을 찾게 해 주시기 원합니다.

주님께서 길러 주시는 교회의 가족들을 위하여 섬기는 직분을 사랑으로 감당하시는 분들이 되도록 이끌어 주시옵소서. 알아주는 사람 없이, 드러나는 일 없이 수고하는 그들을 주님께서 격려해 주시옵소서. 여전도회의 모임을 또 하나의 교회로 세워 주시옵소서.

예수님의 이름으로 기도드립니다. 아멘 †

26. 자치기관: 구역회

히 10:23-24
또 약속하신 이는 미쁘시니 우리가 믿는 도리의 소망을 움직이지 말며 굳게 잡고 서로 돌아보아 사랑과 선행을 격려하며

은혜로우신 하나님,

○○교회를 위하여 구역장들의 기도 모임으로 구역회를 조직해 주셨음에 감사합니다. 이 모임에서 종들을 위로하시고, 격려하시며, 또한 그들을 세워 가시려는 하나님의 의도를 믿습니다. 교회에 세워 주신 구역회를 거룩하게 하시옵소서. 세움 받은 종들이 자신을 거룩하게 하며, 하나님께 영광을 구하게 하시옵소서.

하나님께 구별을 받은 구역장들, 각 사람들이 교회가 되어서 구역 공동체를 세워 가는데 헌신한 종들로 삼아 주시옵소서. 성도들을 섬기도록 구역장들을 세우셨으니 오직 헌신하는 이들이 되기를 원합니다. 그들의 모임인 구역회에서 하나님의 영광과 ○○교회의 부흥을 위하여 기도드리는 일꾼들이 되게 하시옵소서. 오늘도, 잠시의 쉼이 없이, 구역원들을 보살펴야 하는 종들에게 하늘나라의 힘을 내려 주시기를 원합니다. 그래서 그분들이 사람의 지혜나 꾀로 맡겨진 직분을 섬기지 않고, 오직 하나님의 은혜로 충성을 다하여 구역의 지체들에게 선한 목자로서 세워주시옵소서.

구역장 한 사람의 사랑으로 구역원들에게 즐거움을 주고, 하나님의 마음에 드는 일꾼이 되게 하시옵소서. 그래서 아버지로부터 받은 사명을 잘 감당하게 하시옵소서. 구역장들의 헌신과 수고로 열매를 맺게 하시는 여호와를 바라봅니다.

한 분, 한 분의 구역장들이 사랑과 은혜가 풍성하신 하나님을 알게 하시고, 혹시 생활의 여러 문제로 구역을 제대로 돌보시지 못하는 일이 없도록 이끌어 주시옵소서.

예수님의 이름으로 기도드립니다. 아멘 †

27. 자치기관: 상록회(어르신)

잠 16:31

백발은 영화의 면류관이라 공의로운 길에서 얻으리라

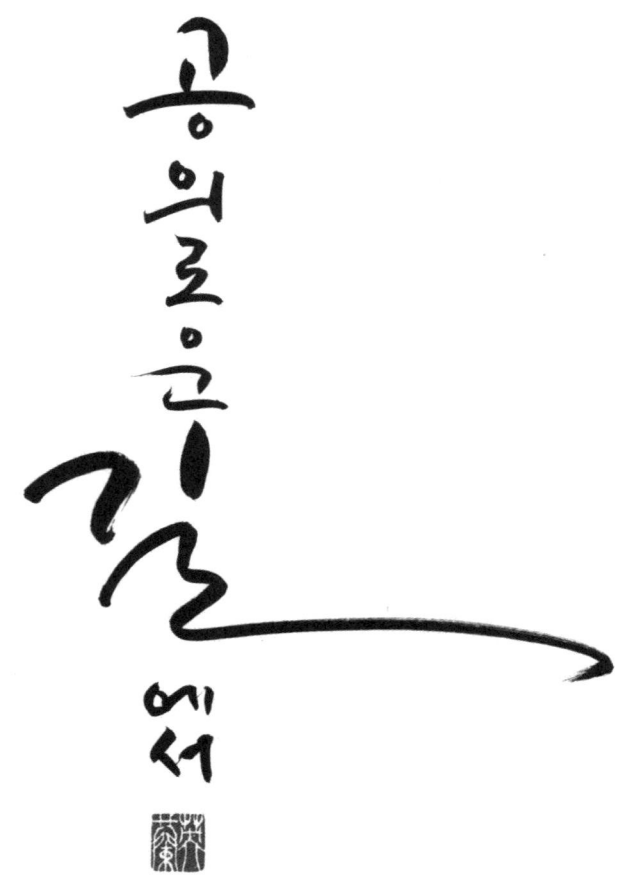

우리의 생애를 지켜주시는 하나님,

우리 ○○의 공동체를 복되게 하셔서, 어르신 성도님의 모임을 주시니 감사합니다. 젊었을 때, 힘을 다하여 수고했던 시간을 살아오게 하시고, 여생의 삶을 하나님의 품에서 지내게 하시는 줄로 믿습니다. 하나님께의 영광을 구하며 가족과 자녀들의 성장에 수고를 다하신 어르신들, 교회는 그분들에게 '상록회'로 모이게 하시니 즐겁습니다.

○○교회는 '상록회'를 대할 때마다 어르신을 공경함에 대하여 교훈을 받으며, 그분들을 섬기게 하시니 감사합니다. 언약하신 대로 이 땅에서 잘 되고, 장수하는 복을 받은 어르신들이 있음으로 저희들은 더욱 더 하나님의 말씀을 확신합니다.

오늘, 어르신들을 위하여 간구하니, 복에 복된 삶으로 인도해 주시옵소서. 어르신들의 심령에 성령님께서 충만하셔서 이제까지와 같이 앞으로도 더욱 하나님의 나라를 소망하시도록 하시옵소서. 그분들 한 분, 한 분이 사실은 우리 교회의 역사이기도 하십니다.

몸은 연약하지만, 심령은 날로 강건해지시도록 은혜를 베풀어 주시옵소서. 그 옛날, 이스라엘에서는 노인들의 신앙이 젊은이들에게 유산으로 전해졌습니다. 그 전통이 ○○교회에 있게 하시며. 어르신들의 아름다운 신앙이 교회에 물려지게 하시고, 그 신앙이 전통되어 우리 교회가 더욱 든든하게 세워지기를 빕니다.

어르신들께서는 하나님께 복된 생의 시간을 기도와 하나님의 말씀으로 지내시도록 보혜사 성령님께서 함께 하시옵소서.

예수님의 이름으로 기도드립니다. 아멘 †

28. 자치기관: 청장년회

전 12:1

너는 청년의 때에 너의 창조주를 기억하라 곧 곤고한 날이 이르기 전에, 나는 아무 낙이 없다고 할 해들이 가깝기 전에

하나님 아버지,

○○교회의 청장년들을 축복합니다. 위로부터 내려주시는 은총으로 승리하는 종들이 되게 하시옵소서. 주님의 성소에서 하나님을 찬양하며, 그의 권능의 궁창에서 그를 찬양합니다.

하나님의 자비로우심으로 청장년들이 맡겨진 직무를 잘 감당하는 아름다운 종으로 살게 하시옵소서. 그들의 헌신으로 말미암아 교회로 하여금 빛과 소금이 되라 하신 주님의 뜻대로 봉사하는 공동체가 되게 하시옵소서. 그리하여 악을 물리치고 하나님을 기쁘시게 하는 것을 사모하는 주님의 몸으로 삼아 주시옵소서.

사랑하는 청장년 지체들이 ○○교회에 모일 때마다 하나님을 찬양하는 소리로 가득해지기를 원합니다. 주님의 교회가 신앙의 공동체를 이루어 하나님의 영광을 선포하게 하시옵소서. 또한, 서로를 향해서 봉사하는 교회되어 주님의 영광을 드러내게 하시옵소서.

하나님 앞에서 청장년들이 예배를 드리는 마음으로 주어진 사명을 감당하게 하시옵소서. 이로써 ○○교회가 참으로 하나님의 살아계심을 선포하게 하시옵소서. 하나님께서는 청장년들의 삶과 행실에서 복음을 전하시고, 주님의 모습을 전하시는 줄로 믿습니다.

교회와 하나님의 나라를 위하여 수고하게 하셨음에 감사드립니다. 어려운 이들을 섬기는 구제와 지역 사회에 착한 일을 하는 봉사의 열매를 많이 맺게 하시옵소서. 청장년들의 섬김으로 세상에 '하나님은 살아계시다.' 증거하게 하시옵소서.

예수님의 이름으로 기도드립니다. 아멘 †

29. 자치기관: 청년회

시 119:9

청년이 무엇으로 그의 행실을 깨끗하게 하리이까
주의 말씀만 지킬 따름이니이다

영광을 받으실 하나님,

청년들이 주님의 이름으로 ○○교회에 모이게 하시니 감사합니다. 우리 교회는 청년들이 신앙공동체로 세워지기에 좋은 자리가 되어야 될 줄로 믿습니다. ○○교회에서 인생의 중요한 시기에 하나님을 섬기고, 새벽이슬 같은 아름다운 신앙을 고백해야 함을 깨닫습니다.

청년들은 교회 안에서 반석의 신앙을 갖게 하시며, 그들의 모임으로 교회는 더욱 든든하게 세워지고, 주님께 영광을 드리게 하시옵소서. 젊음의 시간에, 창조주를 기억하며, 하나님 앞에서 자신들의 삶을 설계하게 하시옵소서.

청년들이 주님을 따르게 하셨으니, 그들이 자신의 일생을 헌신하도록 이끌어 주시옵소서. 그들이 교회에서 젊은 일꾼이 되어, 주일학교 교사를 비롯하여, 성가대원 등으로 하나님의 일을 함으로써 ○○교회가 더욱 부흥되게 하시기를 원합니다. 나아가 우리 교회 안에서 모범을 보여 주는 아름다움이 되게 하시옵소서.

청년들로 하여금 바른 길로 걷게 하시는 여호와를 바라봅니다. 그들의 심령을 다스려 주시옵소서. 하나님의 강권하시는 은혜로 그들의 생각과 행동을 인도해 주시옵소서.

그들은 왕성한 젊음 때문에 혈기를 이기지 못할 때도 있습니다. 더욱이 통제하기 힘든 육체의 욕망으로 말미암아 고민하는 경우도 많을 것입니다. 때로는 젊은 혈기의 감정이 앞서서 하나님의 말씀에서 떠나는 경우도 있을 것입니다. 청년들이 주님 앞에서 괴로워 할 때마다 하나님께서 바른 길로 인도해 주시옵소서.

예수님의 이름으로 기도드립니다. 아멘 †

30. 자치기관: 찬양대

느 12:40

이에 감사 찬송하는 두 무리가 하나님의 전에 섰고 또 나와 민장의 절반도 함께 하였고

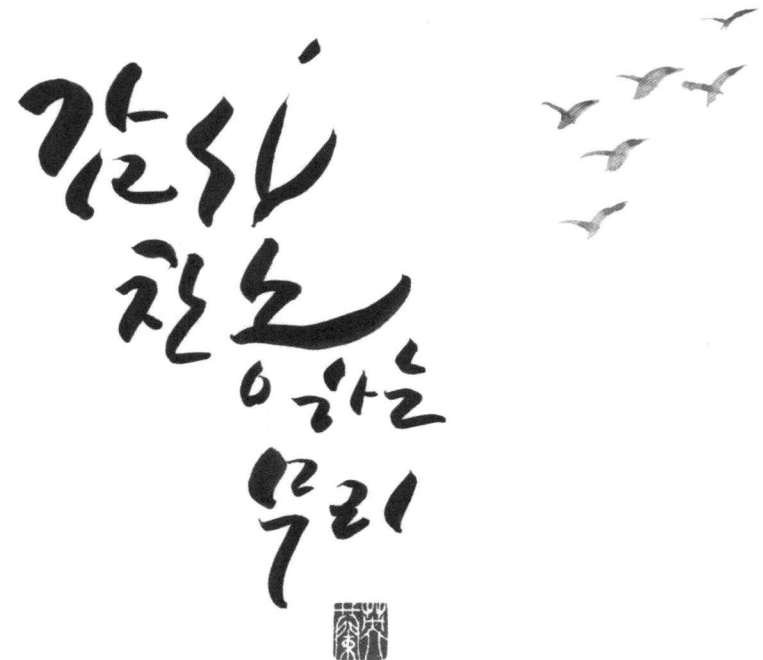

찬양을 받으실 하나님,

하나님의 교회에서 예배하는 공동체를 위하여 찬양대를 세워 주신 하나님이십니다. 그들을 거룩하게 구별하여 찬양을 맡기시고, 예배에서의 찬양으로 섬기게 하셨다고 믿습니다. 찬양을 받아, 영광을 나타내시려는 하나님께서 교회의 찬양대로 세워주셨으니, 찬양대원들 한 사람, 한 사람이 거룩함으로 섬기게 하시옵소서.

많은 성도들 가운데 특별히 음악적인 재능과 봉사에의 섬김을 허락하신 하나님이십니다. 그들에게 하나님을 찬양하도록 하시며, 노래하는 재능을 주셨으니 더욱 헌신하게 하시옵소서.

이 시간에, 머리를 숙여 기도드림은, 찬양대원들이 찬양이라는 직분 앞에 겸손해지기를 원함에서입니다. 그들 중에서 누구라도 자신의 음악적인 재능을 과시하려는 이들이 단 한 사람도 없게 하시옵소서. 그들은 오직, 예배하러 교회에 모인 성도들과 함께 예배자로서 주님의 영광을 찬양하게 하시옵소서.

그들은 찬양을 드리는 순간이 하나님께 자신을 드리는 기회라는 사실을 품고, 찬양대의 자리에 앉게 하시옵소서. 주님의 은혜에 감사하는 가슴으로, 주님을 사랑하기 때문에 찬미의 노래를 드리게 하시옵소서. 주님께서 귀한 몸을 내어 주셨던 것처럼, 주님을 사랑하여 아름다운 선율을 바치는 제사를 드리게 하시옵소서.

존귀한 사역자들이 예배의 영광을 위하여 쓰임을 받게 되었음에 겸손함으로 나아가게 하시옵소서. 또한 음악을 창조하는 능력을 주신 선물에 감사하여 온 몸으로 찬양하게 하시옵소서.

예수님의 이름으로 기도드립니다. 아멘 †

31. 교육기관: 영/유아부

삿 13:12
마노아가 이르되 이제 당신의 말씀대로 되기를 원하나이다
이 아이를 어떻게 기르며 우리가 그에게 어떻게 행하리이까

어린 아이들의 하나님,

하나님께서 ○○교회에 영아부 사역에의 비전을 주시고, 영아들을 섬기게 하시니 감사합니다. 마노아가 하나님께 여쭈었던 심정으로 아이들을 기르게 하셨다고 믿습니다. 영아들은 하나님께서 길러 주시고, 저희들은 하나님을 도와드릴 뿐이라고 생각합니다.

사랑하는 영아부의 어린 지체들을 하나님께 올려드립니다. 오늘, 하나님 앞에서 ○○의 권속은 다음 세대인 어린이들의 양육을 위하여 헌신할 것을 다짐하게 하시옵소서.

○○교회의 영아부를 통해서 생명의 길로 인도하게 하시옵소서. 아울러 영아부에 해당되는, 이 동네에 있는 많은 아이들을 불러 모아주시고, 그들이 어려서부터 하나님을 섬기게 하시옵소서. 영아부에 크신 능력과 축복을 허락하셔서 어린이들의 심령에 하나님의 나라를 세워가게 하시옵소서. 또한 그들에게 복음의 기쁜 소식을 전하도록 인도해 주시옵소서.

교사들이 모여서 영아부의 사역을 논의할 때, 성령님께서 이끌어 주시옵소서. 교사들이 사랑과 은혜가 풍성하신 하나님을 알게 하시고, 하나님의 섭리에 순종함으로써 귀한 직분을 섬기게 하시옵소서. 영아부를 세우신 하나님의 뜻을 이루어 주시옵소서.

영아부가 가르치고 배우는 기관이 되어, 내일의 일꾼들이 길러지게 하시옵소서. 영아부에서 양육을 받는 어린이들은 모두가 하나님의 나라와 우리나라에 꼭 필요한 인물이 되려는 소망을 품게 하시옵소서. 전 교우가 영아부를 위하여 헌신하게 하시옵소서.

예수님의 이름으로 기도드립니다. 아멘 †

32. 교육기관: 유치부

삿 13:24

그 여인이 아들을 낳으매 그의 이름을 삼손이라 하니라
그 아이가 자라매 여호와께서 그에게 복을 주시더니

여호와께서
그에게
복을

유치부를 세워주시는 하나님,

이 시간에, ○○교회의 가족에게 커다란 기쁨을 주신 하나님께 영광을 드립니다. 저희들에게 선물로 주신 자녀들을 하나님의 품 안에서 자라도록 하는 일에 헌신하라 하신 줄로 믿습니다. ○○의 공동체에 유치부를 섬기도록 하셨으니 교회의 온 성도들이 충성을 다해서 감당하게 하시옵소서.

유치부의 어린이들이 주일에 교회에 모여서 드리는 예배의 영광을 하나님만이 받으시고, 그들에게는 예배공동체의 은총으로 새롭게 하시옵소서. 사랑하는 어린 지체들이 어려서부터 주님을 알게 하셨으니, 주님을 향한 사랑을 소중히 간직하기 원합니다. 저희들은 그들을 양육하는 일을 기쁨으로 받아들이게 하시고, 그들을 위한 교육활동으로 하나님께는 영광을 드리고, 유치부에서는 어린이들이 거룩한 신앙인으로 성장하게 하시옵소서.

유치부 어린이들의 심령이 하나님의 말씀으로 마른 심령이 적셔지는 은혜를 허락해 주시옵소서. 그래서 그들이 ○○교회의 교육기관을 통하여 하나님의 사람으로 자라가게 하시옵소서. 이로써 그들이 아름다운 한 그루 백향목이 되어, 믿음의 사람으로 자라가게 하시옵소서.

유치부의 어린이들과 교사들 모두에게 크신 복을 내려 주시옵소서. 어린이들은 지혜와 총명으로 자라, 하나님과 사람들에게 사랑을 받게 하시고, 그들을 위해서 섬김을 다하는 교사들에게는 주님의 일꾼으로 감당할 만한 복을 내려 주시옵소서.

예수님의 이름으로 기도드립니다. 아멘 †

33. 교육기관: 유년부

막 10:16
그 어린 아이들을 안고 그들 위에 안수하시고 축복하시니라

어린이들의 하나님,

○○교회에서 자라는 어린이들을 축복합니다. 하나님께서 저희 교회를 귀하게 받아주시고, 어린이들을 하나님의 사람으로 양육하도록 맡겨 주셨음에 감사합니다. 어린 영혼들을 맡았으니, 성도들의 기도와 부모의 가르침, 유년부의 사역으로 그들이 천국의 백성으로 자람에 부족함이 없게 하시옵소서.

예수님께서 어린이들을 받아주셨던 은혜가 ○○교회의 유년부에 그대로 나타나기를 소망합니다. 오늘, 저에게도 유년부를 위하여 간구하도록 하시니 빌 바를 다 여쭙게 하시옵소서. 하나님의 자녀들이 어려서부터 오직 하나님께만 사랑을 드리기를 원합니다. 저들이 교회를 통해서 자기를 돌보아 주시는 하나님을 믿으며 살아가도록 이끌어 주시옵소서.

주님을 닮아가면서 자라게 하시고, 죄를 짓지 않고 살아갈 수 있도록 이끌어 주시옵소서. 하나님의 은혜로 예수님을 잘 믿는 아이들이 되게 하시며, 주님께서 저들의 속마음을 살피실 때, 하나님의 마음에 들게 해 주시옵소서.

유년부에서 자라는 심령들이 온 마음과 정성으로 하나님을 섬기며 살아갈 수 있도록 도와주시옵소서. 어린 날부터 하나님과 동행하는 삶에 대하여 예민하게 해 주시며, 주님께 집중하도록 이끌어 주시옵소서. 아동부의 교사들과 저희들이 믿음 안에서, 사랑하며 소망으로 열매를 맺는 교육기관을 만들어 나가기 위해 헌신하게 하시옵소서.

예수님의 이름으로 기도드립니다. 아멘 †

34. 교육기관: 초등부

엡 6:4
또 아비들아 너희 자녀를 노엽게 하지 말고 오직 주의 교훈과 훈계로 양육하라

하나님 아버지,

다음 세대를 키우시는 하나님께서 저희들에게 초등부의 어린이들을 맡겨 주시니 감사합니다. 지혜와 키가 자라가며 하나님과 사람들에게 더 사랑스러워 가셨던 예수님처럼 어린이들이 자라도록 하시기 위해서 초등부를 두신 줄로 믿습니다.

우리 교회의 초등부에서 세상의 유일한 희망이신 주 예수님을 닮게 하시옵소서. 어린이들은 한 영혼마다 하나님의 사랑을 체험케 하시며, 성경말씀에 살아있는 신앙의 인물처럼 꿈과 비전의 사람으로 성장하도록 인도해 주시옵소서.

○○의 초등부가 어린 학생들에게 하나님의 학교이며 인생학교가 되게 하시옵소서. 어린이들이 세상의 가치관에 편승하지 않고 시대를 역류하는 건강하게 세워주는 것에 헌신하는 사랑하는 교사들로 삼아 주시옵소서.

우리 교회의 초등부가 하나님 앞에서 교회로 세워지기를 원합니다. 아울러 가르치고 배우는 기관이 되어서, 내일의 일꾼들이 길러지게 하시옵소서. 하나님의 나라와 우리나라에 꼭 필요한 인물이 되려는 소망을 품게 하시옵소서.

초등부에서 자라는 아이들이 천국을 누리며 지내도록 헌신하는 교사들을 세워주시옵소서. 어린이들이 하나님 앞에서 친절하고 지혜로우며, 헌신되고 건강한 다음세대로 친히 빚어 하나님과 사람에게 기쁨이 되도록 하는 것에 교사들이 충성을 다할 것을 다짐하도록 그들에게 기름을 부어 주시옵소서.

예수님의 이름으로 기도드립니다. 아멘 †

35. 교육기관: 소년부

눅 2:52
예수는 지혜와 키가 자라가며 하나님과 사람에게 더욱 사랑스러워 가시더라

소년부를 허락하신 하나님,

주님께서 축복하신 소년부의 어린 지체들을 축복합니다. ○○의 지체들과 교회에 소년부를 세워 주시고, 그들을 말씀과 기도로 양육하게 하셨으니 감사합니다. 어린 친구들이 소년부 공동체에서 지내는 동안에 하나님의 사람으로 세워지기를 원합니다.

이들을 맡기고자 소년부에 교사들을 구별해 주신 하나님이십니다. 먼저는 교회공동체 그리고 소년부의 교사들이 맡겨진 사명 앞에서 겸손한 마음으로 충성을 다하게 하시옵소서. 하나님의 자녀들을 신앙의 사람으로 키워내기 위하여 기도를 쉬지 않게 하시옵소서.

소년부에서 양육을 받는 어린이들이 ○○교회를 통해서 하나님을 믿으며 살아가도록 이끌어 주시옵소서. 예수님께서 어린이들을 받아주셨던 은혜가 오늘, ○○교회의 소년부에 그대로 나타나기를 소망합니다. 주님을 닮아가면서 자라게 하시고, 죄를 짓지 않고 살아가도록 이끌어 주시옵소서.

하나님께 영광을 드리는 ○○교회, 저희들의 소년부에서 자라는 심령들이 온 마음과 정성으로 하나님을 섬기며 살아갈 수 있도록 도와주시기를 빕니다. 어린 날부터 하나님과 동행하는 삶에 대하여 예민하게 해 주시고, 주님께 집중하도록 이끌어 주시옵소서.

여호와의 은혜로 구원의 삶을 즐기고, 예배생활을 사모하게 하시옵소서. 소년부의 교사들과 저희들이 믿음 안에서, 사랑하며 소망으로 열매를 맺는 교육기관을 만들어 나가기 위해 헌신하게 하시옵소서.

예수님의 이름으로 기도드립니다. 아멘 †

36. 교육기관: 중등부

엡 5:8

너희가 전에는 어둠이더니 이제는 주 안에서 빛이라 빛의 자녀들처럼 행하라

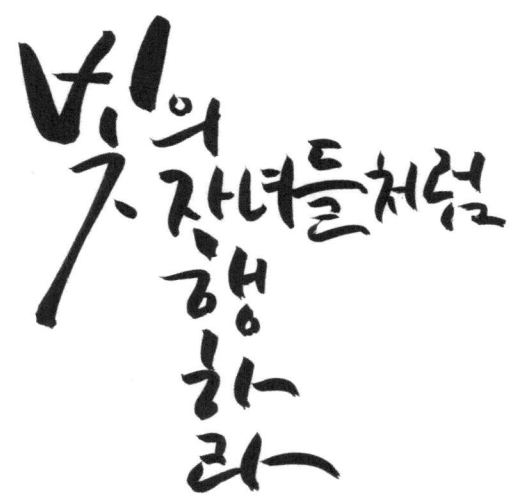

자비로우신 하나님,

청소년들이 믿음 안에서 자라게 하심을 감사드립니다. 이 교회에 중등부를 허락하셔서 그리스도의 장성한 분량에까지 자라가도록 하신 은혜를 찬양합니다. 그들에게 어려서부터 주님을 사랑하며 섬기도록 하셨으니, 하나님의 은혜 안에서 자라가며 믿음으로 주님을 향한 사랑을 소중히 간직하기 원합니다.

저희들을 깨우치셔서, ㅇㅇ교회의 중등부에서 이루어야 하는 목적을 달성할 수 있도록 인도해 주심을 믿습니다. ㅇㅇ의 공동체가 중등부 사역을 귀한 일로 섬기게 하시옵소서. 중등부가 가르치고 배우는 기관이 되어서, 내일의 일꾼들이 길러지게 하고 있음에 감격하게 하시옵소서. 저희 교회의 중등부는 이후로도 계속해서 천국 일꾼을 키우는 자리가 되게 하시옵소서.

사랑하는 지체들을 축복합니다. 저희들이 자라면서 하나님의 나라와 우리나라에 필요한 인물이 되려는 소망을 품게 하심을 빕니다. 여호와 앞에 있기를 사모하는 어린 지체들에게 주님의 풍성한 지혜를 허락해 주시옵소서. 그들이 청소년의 시간을 하나님을 향한 비전으로 드리게 하시옵소서.

중등부의 학생들을 지켜보시는 ㅇㅇ교회의 여러 어른들께 기쁨을 드리는 성숙함을 보이기를 원합니다. 하나님께서 친히 저희들이 선택하는 모든 일들을 지도하셔서, 늠름한 십자가의 군병들이 되게 하시옵소서. 저희들의 마음을 열어서 진리를 받아들이기를 즐거워하게 하시옵소서.

예수님의 이름으로 기도드립니다. 아멘 †

37. 교육기관: 고등부

딤전 6:11

오직 너 하나님의 사람아 이것들을 피하고 의와 경건과 믿음과 사랑과 인내와 온유를 따르며

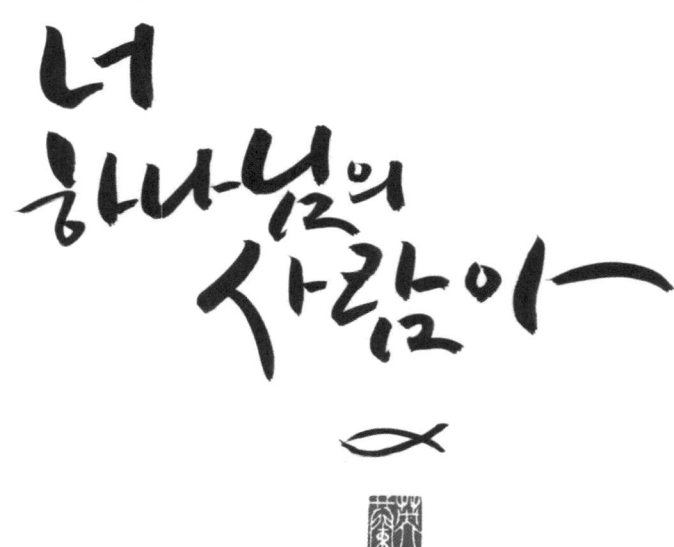

신실하신 하나님,

청소년들을 믿음 안에서 자라게 하시니 감사합니다. ○○교회에 고등부를 허락하셔서 그리스도의 장성한 분량에까지 자라가도록 하신 하나님이십니다. 여호와께 존귀한 지체들이 어려서부터 주님을 알게 하셨으니, ○○의 공동체는 전 성도들이 한 마음으로 고등부를 섬겨야 될 줄로 믿습니다.

특히 간구하기는 한 사람의 인격체로 다듬어져 가는 청소년의 시간에 그들이 하나님의 사람으로서 자신을 준비하게 하시옵소서. 하나님 앞에서 자신의 인생을 설계하게 하시고, 앞으로 살아갈 삶에 대한 비전을 품게 하시옵소서. 삶에 대한 질문에 명확한 답을 갖게 하시옵소서. 왜 사는가와 어떻게 사는가에 대한 답을 주시옵소서.

고등부는 가르치고 배우는 기관이 되어, 내일의 일꾼들이 길러지게 하시옵소서. 어린 지체들이 고등부에 머무는 동안에, 저희의 삶을 주님의 거룩하심으로 채우도록 이끌어 주시옵소서.

고등부의 지체들은 교육을 받는 세대로서 공부를 하는 중에 있으니, 저들이 결코 허탄한 데 마음을 두지 않게 하시옵소서. 오직 학업에 충실하여 하나님 앞에서 자라가게 하시며, 인격을 구비하게 하시는 여호와를 바라보게 하시옵소서.

하나님께서 ○○교회의 고등부를 선한 일꾼들로 준비해 주셨음에 감사합니다. 부름을 받아 교사의 직분을 받은 이들이 고등부의 학생들을 위해 헌신하게 하시옵소서. 그들의 사랑과 수고, 그리고 기도로 말미암아 사명을 감당하는 기관이 되게 하시옵소서.

예수님의 이름으로 기도드립니다. 아멘 †

38. 교육기관: 대학부

롬 12:2

너희는 이 세대를 본받지 말고 오직 마음을 새롭게 함으로 변화를 받아 하나님의 선하시고 기뻐하시고 온전하신 뜻이 무엇인지 분별하도록 하라

여호와 우리 주여,

하나님께서 ○○의 대학부와 여기에 속해 있는 젊은이들을 사랑해 주시니 감사합니다. 젊은이들에게 향하신 하나님의 계획을 깨달아 그들을 용사로 세워주는 교회가 되기를 소망합니다. ○○의 성도들, 한 마음으로 대학부를 응원하게 하시옵소서.

오늘도 대학부의 지체들과 함께 해 주시옵소서. 그들에게 성경적인 세계관을 갖게 하시며, 신앙과 지성에 균형을 보이고, 하나님께 자신의 몸을 불의의 병기로 죄에 드리지 않고, 의의 병기로 드리게 하시옵소서.

젊은이들의 인생이 하나님 앞에서 복 되기를 소원합니다. 하나님을 사랑하는 젊은이들이 대학부 안에서 아벨처럼 하나님께 드려지는 인생이 되게 하시며, 그들이 ○○교회 안에서 지내는 동안에 주님을 위하여 땀을 흘리는 십자가 군병들이 되기를 원합니다.

대학부를 세우시는 '하나님의 열심'으로 그들의 신앙이 전통이 되어 교회를 더욱 든든히 세워가서 하나님께는 영광을 드리고 교회에는 유익한 기관이 되도록 성령님께서 이끌어 주시옵소서.

우리 교회의 대학부가 하나님의 나라와 저희 교회에 꼭 필요한 기관이 되게 하는 능력과 용기를 주시옵소서. 또한 배우고 연구하는 학생 신분의 그들에게 건강과 함께 지혜와 총명을 허락해 주시옵소서.

대학부의 지체들이 더욱 하나님께 사랑스러워 가고, 그들이 스스로 믿음과 지혜를 더하기를 소망하게 하시옵소서.

예수님의 이름으로 기도드립니다. 아멘 †

39. 하나님의 교회

고전 1:2

고린도에 있는 하나님의 교회 곧 그리스도 예수 안에서 거룩하여지고 성도라 부르심을 받은 자들과 또 각처에서 우리의 주 곧 그들과 우리의 주 되신 예수 그리스도의 이름을 부르는 모든 자들에게

하나님 아버지,

주 예수님을 구주로 영접한 저희들, 교회로 모여서 주님의 몸이 된 것을 즐거워하게 하시며, 하나님의 교회로 삼아 주셔서 감사합니다.

누구인지도, 어디에서 살았는지도 모르지만 예수님을 주님으로 고백하는 그 하나의 사랑으로 형제로 부르고, 자매로 여기게 하셨습니다.

저마다 자신의 성품과 가치관을 갖고 살아오던 이들이라 하나로 모였지만 결코 하나로 여길 수 없는 다양함, 그렇기 때문에 서로에 대하여 신경을 써야 하는 한 몸으로 지내게 하셨습니다.

이제, 하나님께서 주님의 피로 저희들을 받아 주셨듯이, 저희들 또한 성도들 각 사람에 대하여 그들의 모습 그대로 받아주는 은혜로 한 몸을 만들어 가게 하시옵소서. 이로써 주님의 몸을 구현하는 저희들이 되기를 원합니다.

성령님께 충만함 앞에서 서로를 받아 공동체를 이루어 가게 하시옵소서. 목사님을 비롯한 교회의 제직들을 존경하면서 그들에게 순종하게 하시옵소서. 교회를 이루기 위하여 여러 모습으로 섬기며 봉사함에 기쁨으로 담당하게 하시옵소서.

하나님 앞에서 ○○의 공동체는 성경 중심으로 자기의 역할에 순종하게 하시며, 하나님의 말씀만이 표준이 되어 서로를 용납하게 하시옵소서. 하나님께서 원하신다면 누구, 그 어떤 지체를 대신해서 욕도 먹고, 그보다 더한 데까지라도 내려가게 하시옵소서. 저희들에게 교회를 가까이 하려는 마음으로 충만하게 하시옵소서.

　　　　　　　　예수님의 이름으로 기도드립니다. 아멘 †

40. 주님과의 사귐

고전 1:8, 9

주께서 너희를 우리 주 예수 그리스도의 날에 책망할 것이 없는 자로 끝까지 견고하게 하시리라 너희를 불러 그의 아들 예수 그리스도 우리 주와 더불어 교제하게 하시는 하나님은 미쁘시도다

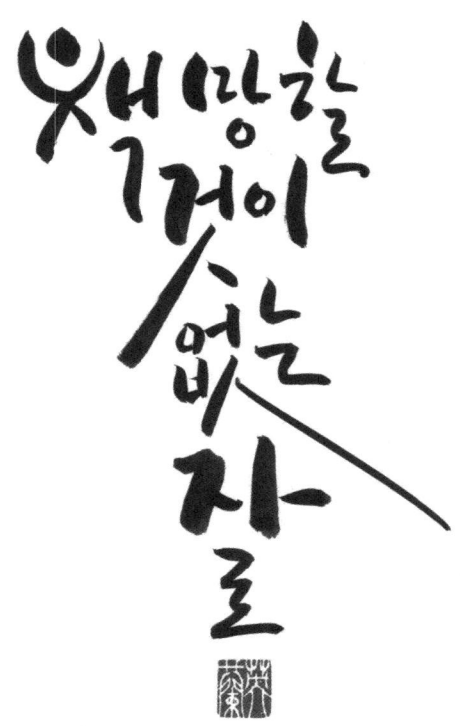

하나님 아버지,

주님께서 세상에 다시 오심을 약속해 주셨으니, 오늘도 ○○의 권속은 주님의 재림을 기다리며 지내고 있습니다. 주님께서 오시는 날에, 책망을 받을 것이 없는 자로 세워주시려고 지금도 성령님께서 저희들을 견고하게 하시니 감사합니다.

○○의 권속 중에는 단 한 사람도 낙오됨이 없이 주님을 영접해 드리게 하시옵소서. 성령님께서 날마다 권고해 주셔서 믿음에서 믿음에 이르기를 원합니다.

하나님의 저희들에게 원하심은 "예수 그리스도 우리 주로 더불어 교제하게" 하심이라고 믿습니다. ○○교회를 주님과의 사귐이 풍성한 공동체로 세워 주시옵소서. 주님과의 사귐에서 한 몸을 세워가며, 저희들이 주님의 거룩하심을 이루어가게 하시옵소서. 오늘도 주님을 그리워하고, 주님을 사랑하게 하시옵소서. 오직 찬송과 기도, 말씀과 기도로 주님과의 사귐을 누리게 하시며, 주님의 기뻐하심을 저희들의 즐거움으로 여기게 하시옵소서.

하나님께서 저희들을 자녀로 삼아주심은 주님과 교제하게 하시려 하심이라 깨닫습니다. 여호와 앞에서 존귀한 ○○의 성도들, 주님과의 교제에서 정결한 심령이 되어 가게 하시며, 다시 오실 주님을 신랑으로 맞이하는 신부단장을 하게 하시옵소서.

시시로 주님과 교제하여 저희들의 심령이 깨어있게 하시고, 시시로 주님과 교제하는 중에, 다시 오시는 주님을 뵙게 하시옵소서. 오늘, 한 날의 시간도 주님을 사모하며 지내게 하시옵소서.

예수님의 이름으로 기도드립니다. 아멘 †

넷째 묶음. 교회의 회복 간구

41. 온전히 합하라

고전 1:10

형제들아 내가 우리 주 예수 그리스도의 이름으로 너희를
권하노니 모두가 같은 말을 하고 너희 가운데 분쟁이 없이
같은 마음과 같은 뜻으로 온전히 합하라

하나님 아버지,

십자가에서 흘려주신 주님의 보혈로 구원을 받고, ○○교회에서 한 몸을 이루도록 하시니 감사합니다. 죄에서 구원을 받았지만 지니고 있는 본성적인 성품이 다른 저희들이 한 몸을 경험하도록 은혜를 내려 주시옵소서.

저희들은 지역에서 공동체로 주신 ○○교회에서 한 몸이 되어, 세상을 향해 주님의 모습으로 살아가야 할 줄로 믿습니다. 주님께서 하나님의 뜻을 좇으셨던 것처럼 저희들에게도 하나님의 뜻을 따르게 하시옵소서. 성령님의 강권하심을 기쁘게 받아, 주님과 한 몸이 되기를 사모하게 하시옵소서.

"모두가 같은 말을" 하라고 하셨지만, 어떻게 해야 같은 말을 하겠습니까? "너희 가운데 분쟁이 없이" 하라고 하셨지만, 어떻게 해야 분쟁이 없이 하겠습니까? 지니고 있는 경험과 가치관 그리고 생각이 다른 저희들을 강권하사 하나로 만들어 주시옵소서.

저희들 스스로의 결단이나 각오로는 결코 같은 마음과 같은 뜻을 지니기에는 여간 어렵다고 여겨집니다. 자신을 거절할 때, 남을 받아들이게 되고, 자신을 양보할 때, 남을 따르게 된다는 것은 생각으로만 알뿐, 성령님께서 저희를 하나로 묶어 주시옵소서.

주님께서 흘려주신 보혈의 은혜를 받아서 교회로 모인 저희들, 주님만 생각하게 하시옵소서. 주님의 은혜를 기억할 때, 합해질 수 있다고 깨닫습니다. 주님께서 흘려주신 속죄의 피로 거듭났으니, 오늘을 지내면서 주님께만 주목하여 한 몸을 이루게 하시옵소서.

예수님의 이름으로 기도드립니다. 아멘 †

넷째 묶음, 교회의 회복 간구

42. 십자가에 못 박히신 그리스도

고전 1:24, 25

오직 부르심을 받은 자들에게는 유대인이나 헬라인이나 그리스도는 하나님의 능력이요 하나님의 지혜니라 하나님의 어리석음이 사람보다 지혜롭고 하나님의 약하심이 사람보다 강하니라

하나님 아버지,

하나님께서 사랑하시는 ○○교회를 십자가에 못 박힌 그리스도만 주목하게 하시니 감사합니다. 오늘에 이르도록 ○○교회는 죄인을 불러 십자가의 피로 씻으시고 성령을 주셔서 하나님의 자녀로 삼으시는 주님만 믿는 성도들의 공동체인 줄로 믿습니다.

오늘, 저희들의 하루에 성령님께서 인도해 주시며, 간섭해 주시기를 원합니다. 만일, 성령의 인도와 간섭을 받지 않으면 세상과 육신과 마귀에게 속으며 살게 된다는 것을 생각합니다. 사망의 길을 가고 있으면서 생명의 길을 가는 줄로 알고 살아갈까 두려우니, 성령으로 살게 하시옵소서.

저희들이 이 땅에서 지내는 동안에, 하나님께서 부탁하신 일을 충성을 다해 감당하게 하시옵소서. ○○의 지체들, 하나님을 아는 일, 하나님을 섬기는 일, 세상에 나가서 하나님을 전하는 일을 하라고 맡겨 주셨으니 받아 십자가에 못 박히신 주님을 생각하며 감당하게 하시옵소서.

주님께서 하나님의 뜻을 이루시려고 십자가를 지셨다면 저희들도 그 십자가를 바라보게 하시옵소서. 천사도 흠모할 만한 직분을 주시고, 충성하라 하셨으니, 주님께서 주신 십자가의 은혜와 십자가의 능력으로 충성을 다하게 하시옵소서. 이로써 ○○교회가 세상을 향해서 주님의 십자가를 내보이게 하시옵소서.

예수님을 믿지 않는 뭇 사람들에게 십자가에 달려 죽으신 주님만 보이게 하시옵소서. 십자가만 자랑하는 교회 되게 하시옵소서.

예수님의 이름으로 기도드립니다. 아멘 †

43. 그리스도 예수 안에

고전 1:30
너희는 하나님으로부터 나서 그리스도 예수 안에 있고 예수는 하나님으로부터 나와서 우리에게 지혜와 의로움과 거룩함과 구원함이 되셨으니

하나님 아버지,

우리 하나님께 부르심을 받은 자들을 여기에 모으시고, ○○교회를 이루게 하시니 감사합니다. 하나님의 자녀로 삼아 주시고, 성도라 불러주셔서 오늘도 교회의 성도로 하나님께 있음에 감사합니다.

교회로 모일 때마다 저를 구원하시려는 하나님, 저를 선택해 주신 하나님의 은혜를 먼저 생각하게 하시옵소서. 죄에 빠져 허우적대던 저를 구원하시려고 전도자를 보내셔서 복음을 듣게 하신 그 은혜를 먼저 생각하게 하시옵소서.

이제, 저희들에게 하나님이 누구시냐 묻는 자가 있다면, "나를 사랑해 주시는 아버지이시다."라고 대답할 것입니다. ○○의 지체들이 누구였는지 아직도 기억합니다. 미련하고, 약하고, 천하고, 멸시받던 자들이었습니다. 그러했던 저희들을 위해서 예수님께서 죽어주셨고, 하나님의 자녀의 반열에 올려놓아 주셨습니다. 주님의 십자가의 피로, 대속하시고, 하나님의 자녀의 반열에 올려놓아 주셨습니다. ○○교회를 이루게 하셨습니다.

그 은혜에 감격하여, 저희들에게 하나님께서 구원하시려고 작정하신 이들에게로 찾아가도록 하시옵소서. 이제, 저의 삶에서 빚진 자로 살아감을 소원으로 삼게 하시옵소서. 부자가 아닙니다. 권세자도 아닙니다. 복음을 전해서 하나님께서 구원하시려는 영혼을 구원에 이르도록 하시옵소서.

하나 더 가진다면 그 사랑에 빚을 진 자가 되어서 교회 안에서 교제하게 된 권속과 더불어 주님 안에서 지내게 하시옵소서.

예수님의 이름으로 기도드립니다. 아멘 †

넷째 묶음, 교회의 회복 간구

44. 내 말과 내 전도함이

고전 2:4,5

내 말과 내 전도함이 설득력 있는 지혜의 말로 하지 아니하고
다만 성령의 나타나심과 능력으로 하여 너희 믿음이 사람의
지혜에 있지 아니하고 다만 하나님의 능력에 있게 하려 하였노라

하나님 아버지,

○○교회의 의미는 세상을 향해서 복음을 전하고, 하나님을 떠나 있는 자들을 찾아 구원에 이르게 함이라 믿습니다. 저희들은 ○○의 권속을 전도자로 세우셔서 세상으로 보내려 하시는 일을 사명으로 받게 하시옵소서.

이에, 오늘은 성령님께 충만하기를 간구합니다. 사람에게 하는 말은 인간의 지혜로도 충분하겠으나 인간의 지혜에는 구원에 이르게 하는 능력이 없음을 깨닫고 있습니다. 저희들이 불신자들을 찾아내어 복음을 전할 때, 성령의 나타남과 능력으로 하게 하시옵소서. 저희들의 심령을 전도의 영으로 불 붙여 주시옵소서.

○○교회가 전도공동체가 될 때, 저희들 각 지체를 성령님께서 주장하시고, 생명을 살리시는 역사를 경험하게 하시옵소서. 사람이 들을 수 있는 말을 찾고, 사람에게 좋은 말로 다가간다는 사람의 지혜를 거절하고, 오직 성령님께 저희들을 드려서 전도자로 사용되게 하시옵소서.

지혜에는 부족할지라도 저희들이 먼저 성령님께 맡기면, 성령님께서 복음을 전하신다고 믿습니다. ○○교회의 전도는 성령님께서 하심을 믿습니다. 인간의 지혜로운 말로는 영혼을 구원할 수 없음을 확신합니다. 우리 교회가 하나님의 구원사역에 동역을 할 때, 성령님께 충만한 공동체로 삼아 주시옵소서. 성령님을 의지하고, 성령님께 전도를 맡기는 전도를 하게 하시옵소서. 성령님께서 전도해 주시옵소서.

예수님의 이름으로 기도드립니다. 아멘 ✝

45. 하나님으로부터 온 영

고전 2:12

우리가 세상의 영을 받지 아니하고 오직 하나님으로부터 온 영을 받았으니 이는 우리로 하여금 하나님께서 우리에게 은혜로 주신 것들을 알게 하려 하심이라

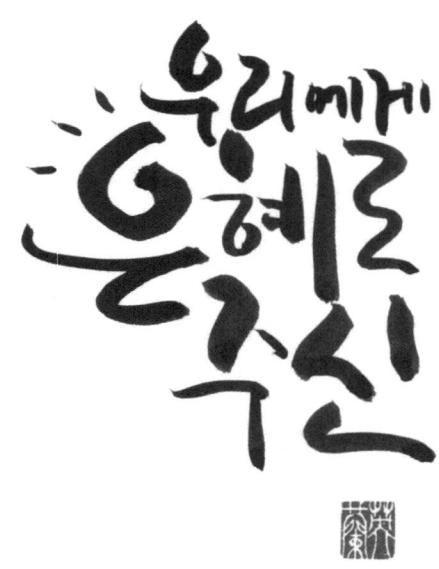

하나님 아버지,

○○교회가 세상의 영을 받지 않고, 오직 하나님으로부터 온 영을 받았으니 감사합니다. 하나님께서 은혜로 주셨음을 깨닫습니다. 저희들에게는 오늘도 성령님을 따르게 하시옵소서.

하나님을 사랑한다고 자부하고, 교회의 모든 일에 열심을 내면서도 이것이 육의 열심인지, 영의 열심인지 분별하지 못할까 두렵습니다. 육신의 생각은 사망이며 영의 생각은 생명과 평안이라고 하셨으니, 사랑하는 ○○의 권속은 한 사람도 육신으로 있지 않게 하시옵소서.

성령님의 인도하심에 따라 자기를 부인하며 영적인 삶을 살아가도록 이끌어 주시옵소서. 주님께서 지신 십자가를 바라보며, 하나님의 거룩하심을 닮으려고 자기를 다스리게 하시옵소서.

성령님으로 하지 않고는, 육체를 다스릴 수 있는 사람이 없음을 깨닫습니다. 성령님으로 하지 않고는, 그 누구도 하나님의 일이나 하나님의 마음을 전혀 알 수 없는 줄로 확신합니다. 성령님께서 일하시도록 ○○교회와 저희들은 예수님의 십자가 보혈 위에서 말씀과 기도로, 성령님께로 충만하기를 간구하게 하시옵소서.

오늘, 한 날을 지낼 때, 성령님께서 저희들에게 생명이요, 소망이며, 능력이심을 고백합니다. ○○의 권속에게 성령님께서 진리로 가르치시고, 인도하시고, 책망하시고, 지도해 주시기를 기다리게 하시옵소서. 하나님께 영광이 되기를 원하는 꿈과 환상을 주시며, 하나님의 선하신 일을 많이 하도록 이끌어 주시옵소서.

예수님의 이름으로 기도드립니다. 아멘 †

46. 하나님의 밭, 하나님의 집

고전 3:6, 7

나는 심었고 아볼로는 물을 주었으되 오직 하나님께서 자라나게 하셨나니 그런즉 심는 이나 물 주는 이는 아무 것도 아니로되 오직 자라게 하시는 이는 하나님뿐이니라

하나님 아버지,

하나님의 자녀들에게 "하나님의 밭이요 하나님의 집이라" 하시니 감사합니다. 복음을 전하고, 그 복음을 받아들여 교회가 되는 것을 농사를 짓는 일이나 집을 지어 세우는 것으로 깨닫게 하셨다고 믿습니다.

저희들에게 복음을 전하게 하시고, 주님을 영접한 이들과 교회가 되어 한 몸으로 교제하게 하심을 농사의 일로 깨닫기를 원합니다. 밭에 씨를 뿌리고 물을 주는 것으로 배우게 하시옵소서.

또한 터를 닦고 집을 지어 세우는 것과 같다고 하신 진리를 배우게 하시옵소서.

복음을 전해서 예수님을 구주로 영접하게 한 것은 집을 짓느라고 터를 잘 닦는 일로 배웁니다. 이제, 이 터 위에 건물을 세울 때, 조심해야 하는 것처럼 성도들이 ○○교회를 이룸에 주의해야 될 것을 배웁니다.

신앙자의 삶은 집을 세우는 것과 같다고 하셨음에 주목합니다. 터가 잘 닦여진 위에 교회를 든든하게 세우게 하시옵소서. 시온산이 터가 넓고 아름다웠듯이 ○○교회를 그렇게 세우게 하시옵소서. 여호와께 존귀한 성도들 각 사람이 주님의 장성하신 분량에까지 이르도록 세워지게 하시옵소서.

이를 위하여 하나님을 경외하는 즐거움으로 들어가게 하시옵소서. 성령님께 충만하여, 성령님의 인도를 따르게 하시옵소서. 오늘도 오직 기도와 말씀을 가까이 하게 하시옵소서.

예수님의 이름으로 기도드립니다. 아멘 †

47. 하나님의 성전

고전 3:17
누구든지 하나님의 성전을 더럽히면 하나님이 그 사람을 멸하시리라 하나님의 성전은 거룩하니 너희도 그러하니라

하나님 아버지,

죽을 수밖에 없었던 죄에서 건져주시고, 여전히 죄로 더러움에도 하나님의 성전으로 삼아주시니 감사합니다. 예수님을 구주로 영접한 순간, 성령님께서 저희들의 심령에 들어와 성전으로 삼아주셨음을 확신합니다. 이에, 저희들 각 사람은 저희들 자신의 몸을 거룩하게 하고, 거룩하게 사용해서 하나님께 드림이 되게 하시옵소서.

주님을 믿지 않았을 때, 육신의 몸으로 살았을 때의 죄와 불의함, 욕심과 시기, 질투로 자신을 더럽히지 않기를 주목하게 하시옵소서. 주님의 피로 속죄함을 받았는데 다시 더렵혀져서 멸하심을 당하지 않게 하시옵소서.

하나님을 하나님이라 부르게 하셨으니, ○○교회와 권속에게 하나님이 되심을 증언하게 하시옵소서. 하나님의 거룩하심과 같이 저희들에게도 거룩해지기를 사모하게 하시고, ○○교회를 거룩한 공동체로 구별해 주시옵소서. 하나님은 자기의 백성이 거룩하기를 원하시며, 거룩한 자들과 함께 하시기를 원하신다고 믿습니다.

오늘, 하나님 앞에서 저희들의 간구, 그 첫 마디는 하나님의 거룩하심으로 저희들이 옷 입기를 원함으로 삼게 하시옵소서. 만일, 거룩함이 없다면 주님을 볼 수 없다고 하신 말씀에 두려워하게 하시옵소서. 복을 받기를 원하고, 저희들의 소원이 이루어지기를 원하는 간구보다 거룩해지기를 여쭙게 하시옵소서. 하나님께 성전이 된 심령을 거룩하게 하시옵소서.

예수님의 이름으로 기도드립니다. 아멘 †

48. 그리스도의 일꾼

고전 4:1, 2

사람이 마땅히 우리를 그리스도의 일꾼이요 하나님의 비밀을 맡은 자로 여길지어다 그리고 맡은 자들에게 구할 것은 충성이니라

하나님 아버지,

신앙생활은 자신이 하나님을 떠난 죄인임을 알고, 지옥형벌의 비참한 모습을 깨달을 때, 시작된다는 것을 확신합니다. 저는 죄인이었습니다. 그런데 저의 구원은 하나님께로 시작되었으니 감사합니다. 주님의 ○○교회에 모인 권속 모두가 그렇다고 깨닫습니다. 이제, 저는 하나님의 자녀가 되었음을 선포합니다.

저와 ○○교회의 지체들에게 거룩한 이름, 성도라 불러주시니 감사합니다. 세상에 대하여서는 소망이라고 깨닫습니다. 세상에서 빛과 소금이라고 이름을 붙여주셨습니다. ○○교회로 하여, 모든 사람들에게 예수님과 천국을 전하는 제사장으로 삼아 주셨습니다.

복음의 제사장으로 살아가게 하시옵소서. 사실, 세상을 향해서 살아야 될 직분을 몰랐을 때는, 세상에서 부귀영화를 더 누리게 해 달라고, 만사형통을 누리게 해 달라고 떼를 쓰지는 않았는지요? 성도로 삼아 주셨으니, 성도로 살아가기를 원합니다.

"사람이 마땅히 우리를 그리스도의 일꾼"이라 여기게 하라 하셨으니 주님의 일꾼이 되어 지내게 하시옵소서. 사람들이 ○○교회를 볼 때, 그리스도의 일꾼들이라 부르도록 지내게 하시옵소서. 이어서 세상을 향해, "하나님의 비밀을 맡은 자로 여기도록" 하는 삶을 살게 하시옵소서.

세상의 모든 사람들에게 주님과 천국을 증거하고 보여주는 제사장의 직분으로 살아가는 삶을 즐거워하게 하시옵소서. 오늘도 그리스도의 것으로 살아감에 감격하게 하시옵소서.

예수님의 이름으로 기도드립니다. 아멘 †

49. 교만한 마음을 가지지 말라

고전 4:6

형제들아 내가 너희를 위하여 이 일에 나와 아볼로를 들어서 본을 보였으니 이는 너희로 하여금 기록된 말씀 밖으로 넘어가지 말라 한 것을 우리에게서 배워 서로 대적하여 교만한 마음을 가지지 말게 하려 함이라

하나님 아버지,

고린도교회를 세우신 하나님께 감사합니다. 하나님의 은혜가 고린도에 나타나 그들 중에서 성도로 구별하시고, 목회자의 수고로 교회를 세우신 하나님께 감격하게 하셨습니다. ○○교회에도 그 섭리가 그대로 재현되었음을 깨닫습니다.

인생들 중에, 누구도 자신을 세울 수 있는 자가 없음을 확인합니다. 저희들의 경건함이나 노력으로 하나님의 교회에서 회중으로 세워질 수 없음을 인정하게 하시옵소서. 성령님의 강권하심과 이끌어 주심 그리고 먼저, 주님의 사람이 된 이들의 수고로 세워지고, 만들어져 이렇게 ○○교회를 이루고 있으니 감사할 뿐입니다.

주님의 교회 안에서 저희들 각자는 자랑할 것이 하나도 없음을 잊지 않게 하시옵소서. 다른 사람의 사랑과 수고로 지금의 내 모습이 만들어 졌음을 생각하여 감사하게 하시옵소서. 교회 앞에서 하나님께 감사하고, 한 사람, 한 사람의 성도를 대할 때는 그들의 사랑에 감사하고, 자신을 주장하지 않게 하시옵소서.

저희들이 누구였습니까? ○○교회에서 완전한 자의 모습을 보여도 사실, 죄인이었습니다. 예수님의 피로 구원을 받고, 은혜를 받고, 은사를 받았습니다. 이에, 이 죄인에게 베풀어 주신 은혜를 기억하고, 감사하므로 서로 사랑하고, 서로 섬기며 교회를 세워가는 공동체가 되게 하시옵소서. 오직 감격하여 감사로 교회를 이루어 가게 하시옵소서.

예수님의 이름으로 기도드립니다. 아멘 †

넷째 묶음. 교회의 회복 간구

50. 하나님의 나라는 오직 능력에

고전 4:19, 20

주께서 허락하시면 내가 너희에게 속히 나아가서 교만한 자들의 말이 아니라 오직 그 능력을 알아보겠으니 하나님의 나라는 말에 있지 아니하고 오직 능력에 있음이라

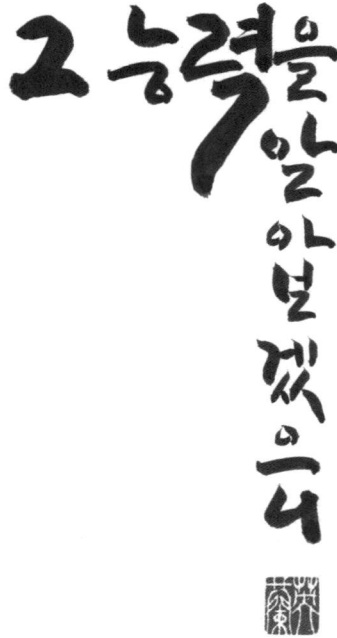

하나님 아버지,

오늘, 하나님의 나라를 구하며 지내기를 원하게 하시니 감사합니다. ○○교회가 이 땅에서 하나님의 나라를 구하는데 저희들이 쓰임을 받게 하시옵소서. 이를 위해서 하나님께 능력이 있는 성도로 세워 주시옵소서. 세상의 명예나 영광을 구하는 능력이 아니라 천국 백성으로 자기를 살아가도록 하는 능력을 갖게 하시옵소서.

천국 백성답게 거룩함으로 자신을 세워나가는 능력이 있어야 될 줄로 믿습니다. 자신의 모습은 감추고 오직 하나님의 뜻이 성취되게 하는, 그리하여 ○○교회의 성도 한 사람, 한 사람이 하나님의 영광이 여기에서 발견되게 하는 능력을 갖게 하시옵소서.

하나님께서 고린도교회를 세우심에 사용되었던 바울을 따라, 능력 주시는 자 안에서 모든 것을 하게 하시옵소서. 그러니,

- 수고하여 친히 손으로 일을 하며,
- 남들에게서 모욕을 당할지라도 그들을 축복하게 하시옵소서.
- 남들로부터 박해를 받을지라도 참게 하시옵소서.
- 남들에게서 비방을 받을지라도 권면하게 하시옵소서.

주님께서 하나님의 뜻을 이루시려고 자기를 부인하여 갈보리로 가셨던 것처럼, 사랑하는 ○○의 권속 앞에서 자기를 부인하며 "내가 거룩하니 너희도 거룩할지어다."라고 하신 말씀에 순종하게 하시옵소서.

사랑하는 ○○교회에 거룩함으로 자기를 세우는 능력을 주시옵소서. 말씀과 기도로 성령님께 충만하게 하시옵소서.

예수님의 이름으로 기도드립니다. 아멘 †

51. 거룩함을 위하여

고전 5:11

이제 내가 너희에게 쓴 것은 만일 어떤 형제라 일컫는 자가 음행하거나 탐욕을 부리거나 우상 숭배를 하거나 모욕하거나 술 취하거나 속여 빼앗거든 사귀지도 말고 그런 자와는 함께 먹지도 말라 함이라

하나님 아버지,

제가 사랑하는 ○○교회는, 예수님의 십자가에 피 흘려 죽으심과 부활하심으로 세워진 주님의 몸이라고 믿습니다. 주님의 몸으로써 ○○교회를 통하여, 이제까지 교회가 세워져 있는 이 지역에서 주님이 나타나고, 보여 지도록 하시니 감사합니다.

저희들에 의해 세상을 사랑하시는 하나님의 사랑을 나타내게 하시고, 주님의 온유하심과 진실하심, 거룩하심을 나타내게 하시옵소서. 하나님께서는 저희들과 ○○교회를 사용하셔서 세상에 주님을 나타내시니, 그 나타내심에 부족함이 없게 하시옵소서. 예수님을 나타내 보이게 하시옵소서.

저희들 각 사람에게는 다시는 죄의 종으로, 마귀의 종으로 지내지 않기를 작정하게 하시고, 예수님처럼 자기를 부인하고, 날마다 자기의 십자가를 지며, 세상의 소금과 빛이 되는 모습을 갖추게 하시옵소서.

"하나님을 따라 의와 진리의 거룩함으로 지으심을 받은 새 사람을 입으라."고 하셨습니다. ○○의 권속에게 "거짓을 버리고 각각 그 이웃과 더불어 참된 것을 말하는 삶"을 주목하며 지내게 하시옵소서. 하나님을 두려워하며, 의롭고, 거룩하게 살기로 작정하게 하시옵소서. 자신을 거룩하게 하시옵소서.

지난날에 도둑질하던 자는 다시 도둑질하지 말게 하시옵소서. 가난한 자에게 구제할 수 있도록 자기 손으로 수고하여 선한 일을 하게 하시옵소서. 더러운 말은 입 밖에도 내지 말고, 오직 선한 말을 하여 듣는 자들에게 은혜를 끼치게 하시옵소서.

예수님의 이름으로 기도드립니다. 아멘 †

52. 너희 몸으로 하나님께

고전 6:19, 20

너희 몸은 너희가 하나님께로부터 받은 바 너희 가운데 계신 성령의 전인 줄을 알지 못하느냐 너희는 너희 자신의 것이 아니라 값으로 산 것이 되었으니 그런즉 너희 몸으로 하나님께 영광을 돌리라

하나님 아버지,

죄와 멸망으로부터 구원해 주시고, 하나님의 자녀로 삼아주신 후에도 영혼과 육체, 곧 몸을 나누지 않으신 하나님의 의도를 깨닫게 하시니 감사합니다. 주님의 갈보리에서 흘려주신 피는 저희들에게 영혼과 육체를 죄 사함 받게 하셨다고 확신합니다.

"너희 몸이 그리스도의 지체인 줄을 알지 못하느냐."는 말씀을 아멘으로 받습니다. "그리스도의 지체를 갖고 창녀의 지체를 만들 수 없다"는 말씀을 마음에 새겨두게 하시옵소서. 저희들 각 사람의 몸을 귀하게 여겨 주시는 하나님 앞에서 스스로 몸을 존귀하게 여기게 하시옵소서. 육체가 있을 때, 그 육체로 영적인 삶에 승리할 수 있음에 감격합니다.

이 땅에서 지내는 시간에, 육체를 누리는 삶에서 하나님의 은혜에 감사하게 하시옵소서. 육체로 나타내는 삶에서 하나님의 나라와 그 의를 구하게 하시옵소서. 사랑하는 ○○교회의 권속에게 몸으로 모여 예배하게 하시며, 몸으로 영광을 드리게 하시니 육체를 갖고 있는 시간이 축복이라고 깨닫습니다.

몸을 갖고 살아가는 시간, 하나님께 몸을 드리는 거룩함의 기회로 삼게 하시옵소서. 하나님의 백성으로서 충성을 다하는 삶을 드리고자 몸을 사용하게 하시옵소서.

어떤 이들은 몸에 대하여 자기의 것이라 주장하면서 몸을 놀고, 먹고, 마시고 즐기는데 사용하기도 합니다. 그렇지만 저희들은 결코 그리할 수 없음을 결단하게 하시옵소서. '산 제사'로 드리는 제물이 되게 하시옵소서.

예수님의 이름으로 기도드립니다. 아멘 †

넷째 묶음, 교회의 회복 간구

53. 그 약한 양심을 상하게 말라

고전 8:11

이같이 너희가 형제에게 죄를 지어 그 약한 양심을 상하게 하는 것이 곧 그리스도에게 죄를 짓는 것이니라

하나님 아버지,

○○교회를 세워 가시며, 권속 중에 한 사람, 한 사람에게 은사를 주셔서 교회를 유익하게 하시니 감사합니다. 하나님의 섭리와 계획에 따라 저희들의 공동체에 은사를 부어주셔서 하나님 앞에서 착한 일들을 도모하게 하시니 감격스럽습니다. 그러하지만, 저희들 중에는 자기 자신을 형제들과 비교해서 교회에서는,

- 신령함에 조금 더 신령하다고 생각하는 사람이 있습니다.
- 깨달음에 조금 더 깨달았다고 생각하는 사람이 있습니다.
- 영적인 은혜에 조금 더 영적이라고 생각하는 사람이 있습니다.

이러한 생각을 감사로 받아, 그만큼 형제를 돌아보고, 기도를 보태면서 지낸다면 자신은 물론 이웃에게도 유익할 것입니다. 그러나 그것이 자기에게 능력이 있음이라 생각하는 경우 때문에 덕을 가릴 때가 많습니다. 자기는 다 맞고, 남은 다 틀리고, 이렇게 우월주의로 형제를 판단하고, 정죄하는 경우가 있어서 안타깝습니다.

하나님의 은사가 자신을 우월하게 여기도록 하여 회중 앞에서 건방지거나 무례하게 하지 않게 하시옵소서. 하나님의 은혜가 도리어 그 자신을 넘어뜨리도록 하고, ○○교회를 무너지게 하지 않도록 성령님께서 다스려 주시옵소서.

저희들 각 사람에게 은사로 주신 지식은 자기를 자랑하는 데 쓰지 않고, 교회의 유익을 위해서 사용하게 하시옵소서. 형제에게 죄를 지어 그 약한 양심을 상하게 하지 않도록 주의하게 하시옵소서.

예수님의 이름으로 기도드립니다. 아멘 †

54. 성전에서 나는 것을 먹으며

고전 9:13

성전의 일을 하는 이들은 성전에서 나는 것을 먹으며 제단에서 섬기는 이들은 제단과 함께 나누는 것을 너희가 알지 못하느냐

하나님 아버지,

오늘, 하나님께 구별된 사람들 중에 성전 봉사자에 대한 말씀을 주시니 감사합니다. 성전의 일을 하는 이들은 성전에서 나는 것을 먹는다는 말씀으로 교회가 목회자의 생활에 부담을 가져야 한다는 것을 깨닫습니다.

하나님께서는 자기 백성에게 요구하셨던 제사 제물에서 제물의 불사르지 않는 부분과 12지파가 드리는 십일조를 제사장에게 생활비로 주셨습니다. 아울러 첫 열매와 감사로 드려지는 예물, 그리고 십일조로 당시의 제사장들이 생활에 감당했음을 믿습니다. 제사장의 생활을 책임져 주셨던 하나님께서 오늘날에는 교회에서 봉사하는 목회자의 생활을 책임져 주신다고 깨닫습니다. 목회자를 섬김은 교회의 권속으로서 저희들에게 당연한 것이라 깨닫습니다. 목회자가 생활을 할 수 있도록 재정으로 섬기는 일에 단 마음을 갖게 하시옵소서. 저희들에게 이 땅에서 살아가도록 재물을 주셨으니, 목회자의 생활을 감당하게 하시옵소서.

이로써 저희들이 얻은 것의 일부를 하나님께 돌려드리게 하시옵소서.

구약의 제사장과 오늘날의 목회자는 분명히 다르다고 생각합니다. 그렇지만 하나님께서는 목회자를 말씀의 사역자로 세우시고, 생활을 책임져 주신다고 여깁니다.

○○교회를 위해서, 저희 교회에 맡겨진 복음사역을 위해서 예물을 드리게 하시옵소서. 저희들이 예물을 드릴 때, ○○교회를 섬기며 봉사하는 목회자에게도 사랑을 갖게 하시옵소서.

예수님의 이름으로 기도드립니다. 아멘 †

55. 이기기를 다투는 자마다

고전 9:25

이기기를 다투는 자마다 모든 일에 절제하나니 그들은 썩을 승리자의 관을 얻고자 하되 우리는 썩지 아니할 것을 얻고자 하노라

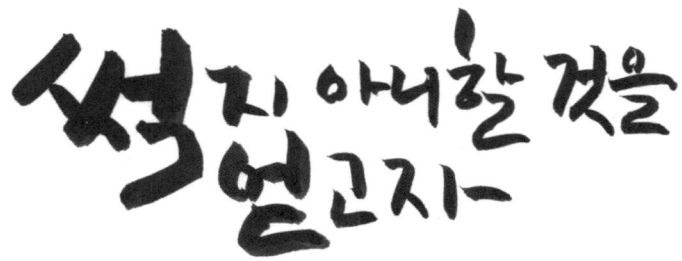

하나님 아버지,

저희들에게 삶의 목표와 목적에 대한 깨달음을 주시니 감사합니다. "우리는 썩지 아니할 것을 얻고자 하노라." 하신 말씀을 끝까지 붙잡게 하시옵소서. 하나님께서 천국에의 입성을 약속해 주셨고, 언약을 받기 위해서 살아가라 하셨음을 믿습니다.

그렇지만 "남에게 전파한 후에 자기가 도리어 버림을 당할까 두려워한다는" 증언이 저희들의 탄식이 될까 주의하게 하시옵소서. 당연히 천국으로 입성할 줄 알았는데 만일, 제외된다면 크나큰 낭패가 아니겠습니까? 그때는 다시 해볼 만한 시간도 없습니다. 구원에서 떨어지지 않게 하시옵소서. 그러니 이 땅에서 지내는 동안에, 영원한 삶과 관계가 없고, 천국에 가는데 관계가 없는 것들에는 절제하게 하시옵소서. 오직, 하나님의 나라와 그의 의를 위해서, 땀 흘리며 수고하는데, 모든 것을 사용하게 하시옵소서. 천국은 세상과 비교가 안 되게 더 영원하고, 더 영광스러운 나라인 줄로 믿습니다. 하나님께서 저희들에게 천국을 약속해 주셨으니, ○○교회의 권속은 한 사람도 낙오자가 없이 우리는 각자 천국에 들어가도록 달려가게 하시옵소서. 천국에로의 영광스러운 입성, 칭찬과 상급을 위해서 육신을 인내하며, 절제하게 하시옵소서.

하나님께서 저희들에게 주신 모든 것을 하나님의 나라와 그 의를 위해서 아낌없이 사용하기를 원합니다. ○○교회의 모두가 주님 앞으로 갔을 때, 주님께서 영원한 축복으로, 영원한 상급으로 갚아주실 것을 확신하게 하시옵소서.

예수님의 이름으로 기도드립니다. 아멘 †

넷째 묶음, 교회의 회복 간구

56. 우리의 본보기가 되어

고전 10:6

이러한 일은 우리의 본보기가 되어 우리로 하여금 그들이 악을 즐겨 한 것 같이 즐겨 하는 자가 되지 않게 하려 함이니

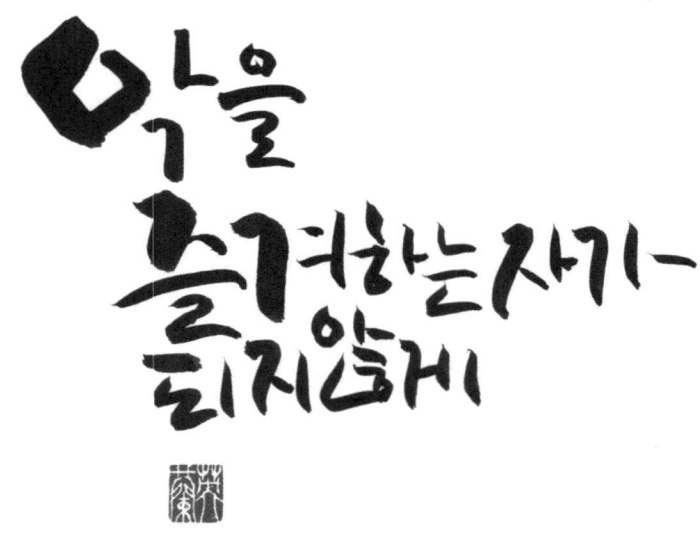

하나님 아버지,

하나님께서 기뻐하시는 사람들과 하나님께 기쁨이 되어드리지 못하는 사람들에 대하여 주목하게 하시니 감사합니다. 광야교회 시대에, 하나님께서 기뻐하지 않은 이들은 광야에서 멸망을 받았다는 사실을 떠올립니다.

하나님께서 기뻐하시는 사람들에게서는 저희들도 그들과 같이 하자는 마음을 갖게 하시며, 하나님께 기쁨이 되어드리지 못하는 사람들에게서는 그들의 행위를 본보기로 삼아 ○○교회와 권속에게 경계로 받게 하시옵소서.

사실, 성경에서 나오는 많은 이들의 삶이 저희들에게 본보기가 되고, 경계가 되었음을 배우게 하시옵소서. 그들의 조상들이, "애굽에서 어린양의 피로 구원받고 구름과 바다에서 세례 받고, 그리스도로 주어지는 신령한 음식과 신령한 음료를 마셨는데"도 다수의 사람들이 멸망을 받게 하셨습니다.

광야교회의 사건으로 오늘의 저희들에게 경고하시는 하나님의 은총에 감사하게 하시옵소서. 그 시대에 있었던 하나님의 심판은 오늘에, ○○교회에도 동일하겠지요? 세상에 사람이 살고 있는 동안에는 언제나, 얼마든지 일어날 사건이었다고 깨닫습니다. 이에, 그들이 멸망을 받은 사실을 경계로 받아들이게 하시옵소서.

구원을 받은 이후에 우상숭배하지 말라, 간음하지 말라, 주님을 시험하지 말라, 원망하지 말라는 말씀을 심비에 새기게 하시옵소서. 자신이 섰다고 여기다가 넘어지지 않도록 이끌어 주시옵소서.

예수님의 이름으로 기도드립니다. 아멘 †

넷째 묶음, 교회의 회복 간구

57. 하나님의 영으로

고전 12:3
그러므로 내가 너희에게 알리노니 하나님의 영으로 말하는 자는 누구든지 예수를 저주할 자라 하지 아니하고 또 성령으로 아니하고는 누구든지 예수를 주시라 할 수 없느니라

하나님 아버지,

여호와께 존귀한 권속의 ○○교회가 하나님의 영으로 충만하게 하시니 감사합니다. 예수님을 믿기 전에는 말 못하는 우상에게로 끄는 그대로 끌려갔던 저희들, 그래서 이 세상 풍조를 따르고 공중의 권세 잡은 자를 따랐었는데, 성령님으로 충만하게 해 주셨음을 믿습니다.

저희들에게 죄 사함의 증거로 성령님을 주셨다고 확신합니다. 이제는, 성령님께 이끌려서 성령님으로 나타나는 신령함을 누리게 하심을 깨닫습니다. 오늘, 한 날에도 ○○교회 공동체는 성령님께 이끌려서 지내게 하시옵소서. 성령님의 인도하심에 예수님을 믿게 하시옵소서.

혹시, 저희들 중에 성령님께 충만하지 못한 성도가 있는지요? 교회에는 함께 하지만 예수님을 영접하지 못해서 하나님의 자녀로 지내지 못하고 있다면, 그를 붙잡고 있는 어둠의 영을 쫓아내어 주시옵소서. 영의 눈이 감겨져 있는 것을 뜨게 하여 주시옵소서. 주님의 교회, ○○교회의 권속에게는 어린아이에서 어른, 노년에 이르기까지 오늘도 성령님께로 인도를 받게 하시옵소서. 예수님을 구주로 믿는다고 고백하는 교회이기를 원합니다. 그리고 하나님을 아빠 아버지라 부르게 하시옵소서.

그리하여 ○○교회는 성령님께서 역사하시는 공동체, 오직 성령님의 뜻에 따라 지금이라는 시대와 지역사회에서 사명을 감당하는 공동체로 이끌어 주시옵소서.

예수님의 이름으로 기도드립니다. 아멘 †

58. 내가 온전히 알리라

고전 13:12

우리가 지금은 거울로 보는 것 같이 희미하나 그 때에는 얼굴과 얼굴을 대하여 볼 것이요 지금은 내가 부분적으로 아나 그 때에는 주께서 나를 아신 것 같이 내가 온전히 알리라

하나님 아버지,

믿음의 상태가 어린아이에 머물러 있어서는 안 되고, 장성한 사람이 되어야 함을 배우게 하시니 감사합니다. ○○교회와 성도가 장성한 사람이 되기를 원하시는 하나님께 찬양을 올려 드립니다. 고린도교회에 은사는 많았지만 그들은 부분적으로 알고, 부분적으로 깨닫던 성도들이었습니다. 저희들은 어떠한가요? 부분적으로 알게 하시고, 부분적으로 깨달아서 어린 아이적의 신앙생활을 하던 저희들에게 하나님께서는 어서 장성한 사람이 되어서 어린 아이의 일을 버리기를 원하신다고 깨닫습니다.

어린 아이의 신앙은 자기를 중심으로 받아들이지만 장성한 분량에 이른 신앙은 하나님을 중심으로 받아들인다고 확신합니다. 그래서 하나님 앞에서 자기를 부인하고, 자기 십자가를 지고, 자기에게 주신 말씀을 붙들고 묵묵히 그냥 가는 것이라고 깨닫습니다. ○○교회의 지체들이 다 그러하게 하시옵소서.

○○교회에도 여러 모습으로 은사의 풍성함을 누리게 하시니 감사합니다. 그런데, 은사로 신앙생활을 하는 수준에 머무르지 말게 하시고, 하나님의 이끌어 주심을 사모하게 하시옵소서. 성령님의 충만으로 들어가서 성령님의 인도에 자신을 내어드리는 수준에까지 이르게 하시옵소서.

성령님의 이끌어 주심에서 예수님의 형상이 만들어지게 됨을 사모하게 하시옵소서. 성령님으로 지내게 될 때, 성령님의 열매가 ○○교회에 맺히게 될 줄로 믿습니다. 오직, 성령님의 이끄심에 감사하게 하시옵소서.

예수님의 이름으로 기도드립니다. 아멘 †

59. 그 말을 굳게 지키고

고전 15:2
너희가 만일 내가 전한 그 말을 굳게 지키고 헛되이 믿지 아니하였으면 그로 말미암아 구원을 받으리라

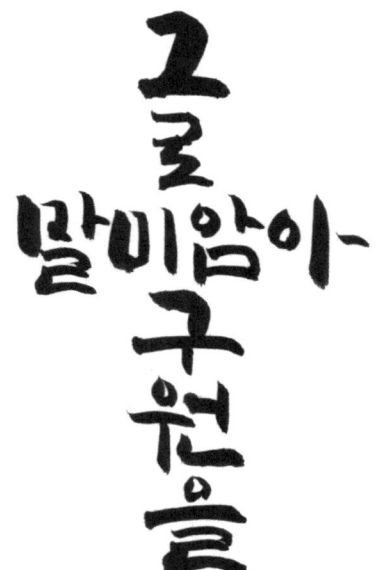

하나님 아버지,

오늘, 저희들에게 신앙의 삶을 도전해 주시니 감사합니다. '전한 말을 굳게 지키라', '헛되이 믿지 말라.' 는 말씀은 ○○교회에 주시는 축복이라고 생각합니다. 이전의 저희들은 자기의 마음대로, 육신의 정욕대로, 지옥에 갈 죄만 짓고 살았나요?

죄로 말미암아 지옥의 형벌에 들어가야 할 죄인, 바로 이 죄인을 대신해서 죄가 없으신 하나님의 독생자 예수님께서 십자가에 피 흘려 죽으신 것을 믿는 고백이 믿음의 첫째가 되기를 원합니다. 그리고 죽으셨다가 3일 후에 다시 살아나시고, 이제도 살아계신 예수님을 믿는 고백이 믿음의 둘째가 되기를 원합니다.

이 시간에, 성령님의 충만하심을 빕니다. 성령님께서 저희들에게 충만하셔서 주님께의 믿음을 굳게 지키도록 하시고, 헛되이 믿지 않도록 하실 줄로 확신합니다.

예수님이 신앙의 내용이게 하시옵소서. 예수님이 교회의 이유가 되게 하시옵소서. 예수님이 신앙생활의 시작이며, 끝이 되게 하시옵소서. 예수님이 믿음의 조건, 믿음의 이유, 믿음의 내용이기를 원합니다. 우리 ○○교회는 예수님만 바라보게 하시옵소서. 예수님이 부족하지 않게 하시옵소서.

예수님을 사랑하게 하시옵소서. 예수님께서 흘려주신 보혈의 은혜에 깊이 잠기게 하시옵소서. 예수님께서 ○○교회를 사랑하시되 끝까지 사랑해 주심에 감격하게 하시옵소서. 저희들을 위하시는 예수님께 배은망덕하지 않게 하시옵소서.

예수님의 이름으로 기도드립니다. 아멘 †

60. 영원을 향한 추구

고전 15:43, 44

욕된 것으로 심고 영광스러운 것으로 다시 살아나며 약한 것으로 심고 강한 것으로 다시 살아나며 육의 몸으로 심고 신령한 몸으로 다시 살아나나니 육의 몸이 있은즉 또 영의 몸도 있느니라

하나님 아버지,

○○교회의 권속에게 거룩한 변화를 주시니 감사합니다. 저희들은 변화를 받은 신분으로 지내기를 다짐하게 하시옵소서.

−욕된 것으로 심고 영광스러운 것으로 다시 살아나게 하셨습니다.
−약한 것으로 심고 강한 것으로 다시 살아나게 하셨습니다.
−육의 몸으로 심고 신령한 몸으로 다시 살아나게 하셨습니다.

흙에서 온 육체의 몸, 죄의 몸은 거룩한 천국에 갈 수 없다는 것을 다시금 깨닫습니다.

이 땅에서 죄의 몸을 갖고 있는 동안에 ○○의 성도들에게 천국에의 입성을 준비하도록 하시는 은혜라고 확신합니다. 주님께서 재림하실 때, 천국 백성으로 영접해 주시려고 신령한 몸으로 변화시켜 주셔서 천국에 합당하게 만들어 주시옵소서.

세상에서 사는 동안에, 인간의 육체는, 죄로 인해 썩을 몸이요. 부끄러운 몸이요. 약한 몸이지요. 아무리 오래 살아도, 아무리 많은 것을 가졌어도, 아무리 건강해도, 소망이 없는 몸임을 깨닫습니다.

그러한 인생에게, 주님께서 영원한 몸, 신령한 몸을 예비해 주셨으니 감격합니다. 세상에서는 힘들고 어려워도 썩지 않고, 영광스럽고, 신령한 몸이 될 것을 약속 받았으니, ○○의 공동체는 하늘의 새 생명의 은혜에 소망을 두게 하시옵소서.

아직 이루어지지는 않았지만 지금, 여기에서 하늘에 속한 새 생명이라고 믿습니다. 이 땅에서 육체 가운데 사는 동안에 주님을 위하여 지내게 하시옵소서. 주님을 삶의 이유로 삼게 하시옵소서.

예수님의 이름으로 기도드립니다. 아멘 ✝

61. 사랑으로 행하라

고전 16:13,14

깨어 믿음에 굳게 서서 남자답게 강건하라 너희 모든 일을 사랑으로 행하라

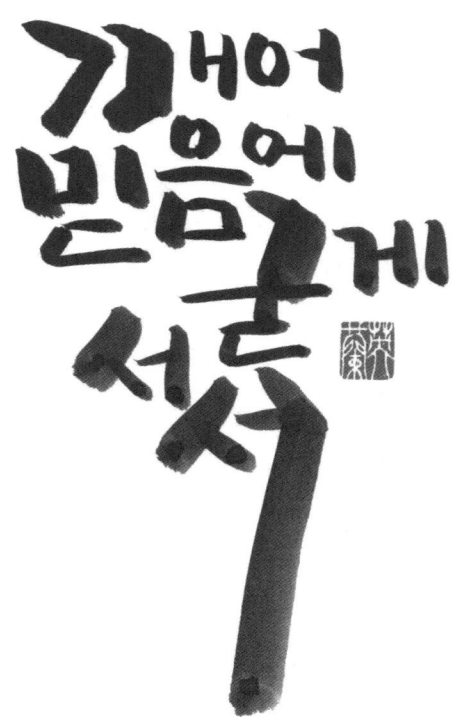

하나님 아버지,

삼위 하나님께서 인생을 위하여 하신 일들은 사랑이라 깨달으니 감사합니다. 오늘, ○○교회의 의미가 하나님의 사랑이라는 것을 믿게 하시니 감사합니다. 저희들의 모습도 사랑이기를 원합니다. 고린도 교회의 많은 문제와 갈등은 사랑으로 하지 않아서라고 생각이 됩니다. 은사를 많이 경험했어도 성령으로 행하지 않고, 육체를 따라 행하므로 주님의 한 몸이 되지 못하였지요.

오늘, ○○교회를 위하여 간구할 때, 사랑으로 충만한 교회가 되기를 구합니다. ○○교회가 사랑 안에서 하나 되고, 부활의 소망과 천국을 바라봄에서 하나 되게 하시옵소서.

저희들에게는 구원받을 조건이 하나도 없었습니다. 예수님의 십자가에서 흘려주신 피에서 나타난 사랑으로 구원을 받게 하셨음에 감격합니다. 이제, 저희들에게 십자가의 사랑 안에서 ○○교회를 사랑하는 것에 열심을 더하게 하시옵소서.

이 땅에서 한 교회 안에서 지체가 된 저희들은 천국에서도 영원히 함께 할 하나님의 자녀들이라고 생각합니다. ○○교회를 이루며 살아가는 동안에, 부활의 소망과 천국을 바라보기 때문에, 사랑으로 풍성하기를 기도하게 하시옵소서. 사랑의 삶을 위하여 성령님께 충만하게 하시옵소서.

저희들이 만일, 육체의 욕심을 강조한다면 자기의 생각에 따라 나누어지고, 흩어지게 되고 말 것입니다. 오직 성령님께 충만하게 되어 사랑으로 서로를 섬기는 교회로 만들어 가게 하시옵소서.

예수님의 이름으로 기도드립니다. 아멘 †

62. 주 예수의 날에

고후 1:13, 14
오직 너희가 읽고 아는 것 외에 우리가 다른 것을 쓰지 아니하노니
너희가 완전히 알기를 내가 바라는 것은 너희가 우리를
부분적으로 알았으나 우리 주 예수의 날에는 너희가 우리의
자랑이 되고 우리가 너희의 자랑이 되는 그것이라

하나님 아버지,

○○교회를 저희들에게 주시고, 목회자로 세워주신 ○○○ 목사님의 기도와 지도로 믿음에서 믿음으로 이르게 하시니 감사합니다. 성령님의 감동으로 목회자와 같은 마음, 같은 생각, 같은 간구로 교회를 세워나가게 하시는 은혜를 기억합니다.

오늘도 목사님의 저희들을 향한 소원은 성도들의 신앙이 성장하고 주님의 교회가 아름답게 세워져 나가는 것이라 깨닫습니다. 저희들에게도 소원이 있는데, 권속이 서로 사랑하며, 예수님을 닮아가면서 성령의 열매를 맺어가는 것입니다.

이렇게 성장하고, 성숙되어져서 ○○교회가 세상을 향해 소금과 빛이 되며, 주님께서 원하시는 복음전도의 사명을 아름답게 감당하여 하나님께 영광이 되기를 원합니다. 그리하여, 주님께서 세상에 다시 오시는 날에, 목회자와 성도가 서로 자랑이 되리라 믿습니다.

주님의 다시 오시는 재림을 기다리는 저희들, 언제나 성령님께 충만하게 하시옵소서. 성령님의 기름을 부으심으로 지내게 하시옵소서. 성령님의 이끄심이 없으시다면 저희들의 공동체는 육체의 지혜, 세상의 지혜, 인간의 지혜로 움직여지고 말 것입니다. 그때, 교회는 인간의 모임에 불과하게 되고 말겠지요.

저희들을 하나님의 은혜, 성령님의 은혜로 세워 주시옵소서. 주님의 십자가의 은혜, 부활의 생명으로 교회를 이루어 가게 하시옵소서. ○○교회를 주 예수의 날을 기다리는 공동체로 이끌어 주시옵소서. 다시 오시는 주님의 날에 하나님께 영광이 되도록 하시옵소서.

예수님의 이름으로 기도드립니다. 아멘 †

63. 세상적인 것들에 마음을 둠

요일 2:15

이 세상이나 세상에 있는 것들을 사랑하지 말라 누구든지 세상을 사랑하면 아버지의 사랑이 그 안에 있지 아니하니

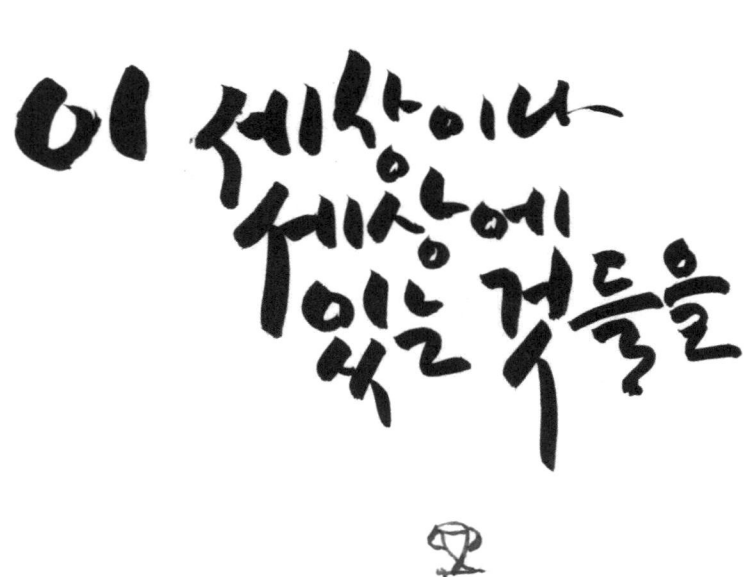

신실하신 하나님,

여호와께 존귀한 ○○○ (집사)님과 이 가정을 축복합니다. 날마다 하나님의 은혜를 사모하는 ○○○ (집사)님에게 주님의 다시 오심을 기다리도록 권면해 주시는 하나님의 사랑에 감사드립니다. 주님께서 오시면 저희들이 믿음을 따라 살아온 그대로 상을 받을 것을 기대하면서 지내게 하시옵소서.

○○ 교회를 통해서 하나님의 영광을 구하고, 하나님의 말씀에 순종하여 달려갈 길을 다하기까지 힘을 쓰는 저희들이 되게 해 주시기를 빕니다.

이 시간에, ○○○ (집사)님과 함께 재림의 신앙을 갖도록 권면을 받기 위하여 머리를 숙였습니다. 아직, 믿음이 연약해서 세상적인 것들에 마음을 빼앗겨 계셔서 안타깝습니다. 사랑하는 (집사)님께 성령님의 강권적인 간섭을 요청합니다. 성령님께서 강하게 역사하셔서 마음과 생각을 불로 세례를 주시던지 하여 은혜를 받으시기를 원합니다.

이로써 폭포수처럼 쏟아지는 은혜, 날마다 하루 분량의 즐거움을 주시고, 영생에 대한 소망을 갖게 하시며, 그 과정에 기쁨을 주셔서 떠나야 할 곳에서는 빨리 떠나게 하시고 머물러야 할 자리에는 영원히 아름답게 머물게 하시옵소서.

저희들에게 종말에 대한 예민함을 갖게 하시고, 이슬과 같이 사라지고 말 세상에 대하여서는 너무 집착하지 않게 하시옵소서. 지금, 저희들이 누릴 수 있는 것으로 하나님께 영광을 구하게 하시옵소서.

예수님의 이름으로 기도드립니다. 아멘 †

64. 욕심의 미혹을 받는 지체

벧후 2:14

음심이 가득한 눈을 가지고 범죄하기를 그치지 아니하고 굳세지 못한 영혼들을 유혹하며 탐욕에 연단된 마음을 가진 자들이니 저주의 자식이라

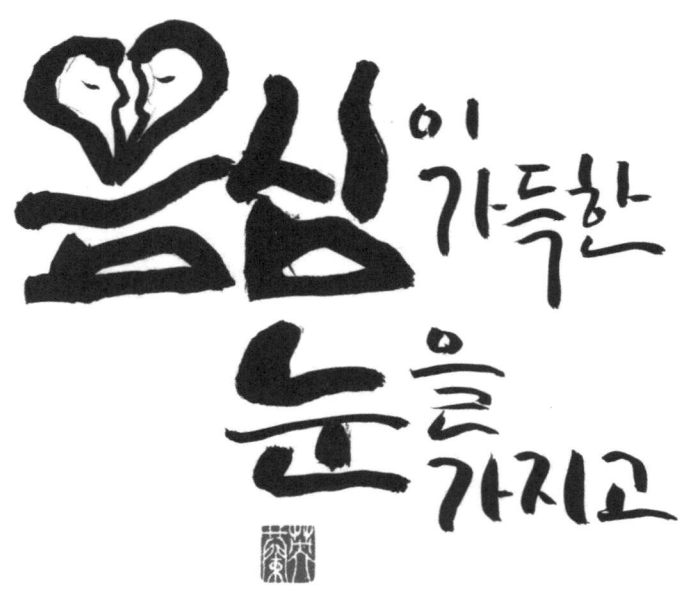

인애하신 하나님,

오늘도 예비하신 하늘의 복으로 ○○○ (집사)님과 이 가정을 둘러 주시옵소서. 우리 주님의 몸 된 교회를 사랑하고, 성도의 사명을 감당하도록 오늘도 은혜를 주시니 감사드립니다. 주님의 이름으로 심방하여 예배할 때, 성령님의 충만하심을 보게 하시옵소서.

혹시, 성령을 거역하며 마음대로 살아왔던 저희들을 불쌍히 여겨 주시옵소서. 하나님 앞에서 질서를 지키고, 원칙과 기준이 확실하며 균형과 조화를 잃지 않도록 하시옵소서. 성공한 사람보다 소중한 사람이 되게 하시옵소서.

소망을 품게 하시는 주님이심을 믿습니다. 사랑하는 종에게도 욕심을 주셔서 그것이 하나님의 나라를 구하는데 원동력으로 삼게 하시옵소서. 그리하여 이 세상에 있는 모든 것들이 하나님께로부터 왔음에, 감사한 마음으로 사용하게 하시고, 하나님의 귀한 것들을 맡기셨으니 성실한 마음으로 사용하게 하시옵소서.

그렇지만 그 욕심이 ○○○ (집사)님의 마음을 충족시키려는 동기에서 비롯된다면 거두어 주시옵소서. 욕심이 자기를 위한 탐심으로 바뀔 때, 그의 영혼마저도 더럽혀지고, 마귀의 유혹에 넘겨주게 될까 두렵습니다.

하나님께 거룩하게 지내셔야 될 집사님이십니다. 세상의 것들에 마음을 두지 않게 하시옵소서. 남들에 비교해서 더 가지려는 욕심을 거절하며, 사용하라고 맡겨 주셨으니 주인의 뜻을 헤아려서 물질을 사용하는 충성스러운 청지기로 지내게 하시옵소서.

예수님의 이름으로 기도드립니다. 아멘 †

65. 재물에의 탐욕에 끌림

잠 21:6
속이는 말로 재물을 모으는 것은 죽음을 구하는 것이라 곧 불려 다니는 안개니라

전능하신 하나님,

영혼이 잘 됨 같이 범사가 잘 되고, 강건하기를 원하시는 하나님의 은혜가 ○○○ (집사)님과 이 가정에 넘치기를 소망합니다. 이 시간에, 저희들이 누릴 수 있는 복이 하나님께로부터 말미암음을 깨닫게 하시니 감사드립니다.

사랑하는 ○○○ (집사)님께서 여호와를 경외함에 더욱 힘쓰는 지체가 되기를 빕니다. 저희들이 가질 마음의 자세는 재물에 대한 탐욕이 아님을 잊지 않게 하시옵소서. 재물보다는 우리에게 영원히 복이 되시는 하나님을 사랑하는 마음으로 가슴을 채우게 하시옵소서.

○○○ (집사)님께도 재물을 얻도록 능력을 주시는 하나님이시라고 믿습니다. 그렇지만 그가 불의한 생각, 하나님께 합당하지 않은 방법으로 재물을 취하려 하지 않도록 막아 주시옵소서. 자신이 이익을 얻으려고 남을 속이면서까지 재물에 마음을 두지 않게 하시옵소서. 하나님께 정직하게 하시옵소서.

날마다 말씀으로 살게 하시며, 말씀 속에서 주님의 세미한 음성을 들으시도록 인도해 주시옵소서. 그리고 그 말씀의 인도하심에 따라 우리가 삶으로 아멘하게 하시옵소서. 삶으로 아멘하는 행동하는 신앙인이 다 되게 하시옵소서.

이 시간에, 하나님을 사랑해 드려야 할 ○○○ (집사)님의 가슴에 세상에서의 재물에 탐을 내는 유혹이 들어오지 않게 하시옵소서. 사탄이 재물의 유혹을 통해서 공격하지 않도록 지켜 주시옵소서.

예수님의 이름으로 기도드립니다. 아멘 †

66. 거짓에의 유혹을 받음

갈 6:7

스스로 속이지 말라 하나님은 업신여김을 받지 아니하시나니 사람이 무엇으로 심든지 그대로 거두리라

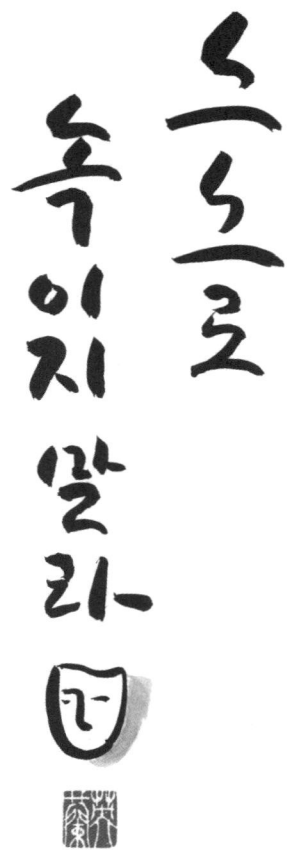

정직한 영의 하나님,

우리 주님의 이름으로 ○○○ (집사)님과 그의 가정을 축복합니다. 하늘의 문을 여시고, 큰 복을 내려 주시옵소서. 하나님께서 그를 구별해 주신 것처럼, 그의 가정도 하나님을 위한 성소로 삼아 주시옵소서. 집사님의 가정을 영광의 처소로 구별해 주시고, 영과 진리로 예배하는 교회로 받아 주시옵소서.

오늘도, 하나님의 섭리와 계획이 그에게 나타나기를 원합니다. ○○○ (집사)님이 천국 백성으로 지내시는 복에 참여하게 하시며, 그에게서 받으셔야 되는 하나님의 영광을 취하시옵소서.

사람은 모르지만 이 시간에도 ○○○ (집사)님의 눈물로 간구하는 소원이 이루어지게 하시며, 혹시라도 그의 가정에 거룩함을 훼방하는 사탄의 참소가 있다면 물리쳐 주시옵소서. 한 길로 왔을지라도 일곱 길로 도망을 가게 하시옵소서.

사랑하는 집사님이 말씀으로 살아가게 하시고, 깨달아 주님의 뜻대로, 주님의 자녀답게 사시도록 인도해 주시옵소서. 아울러 온유하고, 겸손하신 주님의 삶을 본 받는 종으로 지내어 ○○의 성도에게도 도전이 되게 하시옵소서.

하나님께서 주신 생명의 시간을 사는 동안에, ○○○ (집사)님이 여호와 앞에서 의롭다 인정받기를 빕니다. 잠깐 동안의 유익을 얻기 위해서 거짓과 술수의 미혹이 올 때, 거절하게 하시옵소서. 세상에 대하여 빛으로 살게 하시며, 여호와께 대하여 착한 행실로 살게 하시옵소서.

예수님의 이름으로 기도드립니다. 아멘 †

67. 부부가 서로 갈등을 겪음

벧전 4:8

무엇보다도 뜨겁게 서로 사랑할지니
사랑은 허다한 죄를 덮느니라

사랑으로 우리를 돌보시는 하나님,

사랑하는 ○○○ (집사)님과 그 가정의 지체들에게 여호와의 임재와 품어주시는 사랑을 경험하게 하시옵소서. 에덴동산의 기쁨으로 충만해야 될 가정에 부부의 갈등으로 찬바람이 불고 있습니다. 하나님께서는 서로 사랑으로 지내라고 부부로 맺어주셨는데, 갈등으로 말미암아 아픔에 처하고 말았습니다.

사랑하는 ○○○ (집사)님에게 잠깐 동안의 근심이 있지만, 우리 하나님의 은혜로 풀려질 줄로 믿습니다.

먼저, 그들 부부를 위로해 주시옵소서. 주님의 크신 능력으로 집사님의 마음을 강하고 뜨겁게 하사 결심을 새롭게 하시고 말씀을 따라 살게 하시옵소서. 주님의 은혜를 찬송하며, 구속의 은혜를 감사하며, 영원히 송축하도록 인도해 주시옵소서.

여호와 앞에서 존귀한 자녀의 가정에 하나님의 특별하신 은혜가 임하게 되기를 소원합니다. ○○○ (집사)님이 더욱 풍성한 사랑에 들어가도록 하시는 하나님의 일하심을 보게 하시옵소서. 지금, 잠시의 갈등으로 하나님을 찾게 하셨으니 여호와의 강권적인 만져 주심의 은혜를 내려 주심을 빕니다.

하나님의 백성으로 구별된 성도의 가정에 사랑의 역사가 풍성하기를 원합니다. 그 사랑으로 말미암은 평안이 식구들을 복 되게 하시옵소서. 사랑은 허다한 죄도 덮어준다고 믿습니다. 부부 사이에 서운함이나 미움의 역사가 일어나지 않게 하시옵소서. 집사님께서 하나님의 은혜를 더욱 사모하게 하시기를 원합니다.

예수님의 이름으로 기도드립니다. 아멘 †

68. 고부의 갈등을 겪음

엡 4:2

모든 겸손과 온유로 하고 오래 참음으로 사랑 가운데서 서로 용납하고

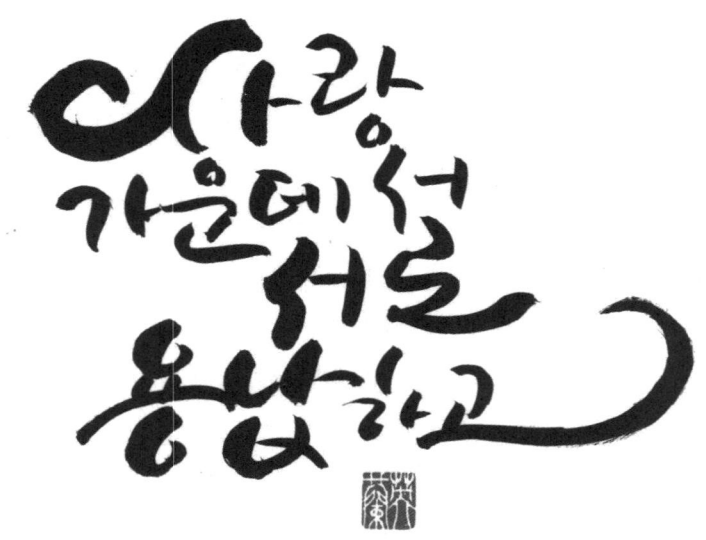

부모를 공경하게 하시는 하나님,

하늘의 문을 여시고, ○○○ (집사)님의 가정에 복을 주시기 위해서 저에게 마음으로 심방하게 하시며, 중보기도로 하나님께 영광을 드리니 받아 주시옵소서. 영과 진리로 간구할 때, 하나님의 은총이 크게 나타나게 하시옵소서.

○○○ (집사)님이 잠시 마음이 곤고하고, 평안을 잃으셨으니 성령님의 충만하심으로 마음의 아픔이 치유되게 하시옵소서.

서운함과 마음의 상함으로 눈물 밖에 없는 (집사)님에게 내 편이 되어 주시는 하나님의 은총을 보게 하시옵소서. 이로써 불평보다는 하나님을 찾고, 불만으로 성격을 나타내기보다는 하나님의 인도를 구하는 종에게 은혜로 응답해 주시옵소서.

이 가정에 며느리를 보듬어 품는 시어머니와 시어머니를 마음으로 섬기는 며느리의 복됨을 누리게 하시옵소서. 시어머니로 말미암아 며느리는 복을 누리고, 며느리로 말미암아 시어머니는 평안을 누리는 하나님의 은혜를 사모합니다. 영혼이 잘됨 같이 범사에 잘되고 강건케 될 줄 믿사오니 늘 성령의 충만함을 허락하여 주시옵소서.

○○○ (집사)님에게 모든 겸손과 온유로 하게 하시옵소서. 그리고 오래 참음으로 사랑 가운데서 서로 용납하게 하시옵소서. 하나님의 사랑을 서로 나누며 시어머니와 며느리로 지내게 하시옵소서. 서로를 보듬어 주는 사랑의 믿음을 허락해 주시옵소서. 하나님의 말씀에 순종하며 세상을 이기게도 하시옵소서.

예수님의 이름으로 기도드립니다. 아멘 †

다섯째 묶음, 교우의 상황별 간구

69. 부모-자녀의 갈등을 겪음

엡 6:1

자녀들아 주 안에서 너희 부모에게 순종하라 이것이 옳으니라

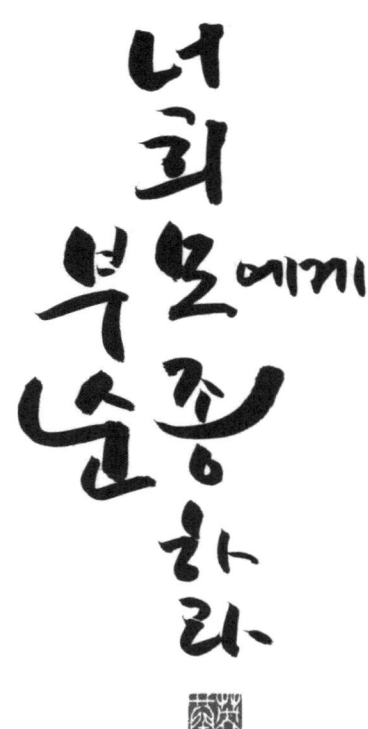

인애하신 하나님,

저희들을 부모가 되게 하신 여호와를 찬양합니다. 저희들에게 자녀의 양육을 맡기셔서 아이들을 키우게 하신 하나님의 섭리를 묵상합니다. ○○○ (집사)님의 가정에도 칭찬받는 자녀들을 주셔서 가정이 모범되게 하셨음을 즐거워합니다.

가정의 삶에서 가정에 복을 내려주시는 하나님의 은혜를 보게 하셨음을 기억합니다. 그런데 지금, ○○○ (집사)님의 가정이 부모와 자녀 사이의 갈등으로 아파하고 있습니다. 부모는 자녀를 노엽게 하지 말고, 자녀는 부모에게 순종하라 하셨는데, 부모와 자녀 사이에 충돌이 생긴 듯합니다.

지금, 아주 잠깐 동안 부모와 자녀 사이에 갈등이 있어 간구하니 감사드립니다. 이 시간에, 사랑하는 가정을 위해서 간구할 때, 하나님이 응답을 기다립니다. 갈등을 통해서 부모는 더욱 좋은 부모가 되고, 자녀는 더욱 부모에게 사랑스럽게 하시옵소서.

갈등의 아픔을 통해서 하나님의 은혜를 구하는 ○○○ (집사)님에게, 부모에게 순종하는 자녀와 자녀를 격노케 하지 않는 부모의 가정을 만들어 가게 하시옵소서. 나아가 이 은혜 안에서 하나님과의 가족관계를 경험하게 하시옵소서.

오늘도 ○○○ (집사)님의 의지와 생각이 주님 앞에서 하나로 묶어져 가족을 사랑하고, 보듬어주는 마음으로 성장하게 하시며, 그 사랑이 죽을 영혼도 살려내는 생명력이 넘치는 믿음이 되게 하시옵소서.

예수님의 이름으로 기도드립니다. 아멘 †

70. 가족 중에 불의한 일에 가담

고전 13:5, 6
무례히 행하지 아니하며 자기의 유익을 구하지 아니하며
성내지 아니하며 악한 것을 생각하지 아니하며
불의를 기뻐하지 아니하며 진리와 함께 기뻐하고

우리를 넉넉하게 하시는 하나님,

여호와께 존귀한 ○○○ (성도)님과 이 가정을 축복합니다. 사랑하는 (성도)님께 안타깝게도 어려움이 있어 하늘의 은혜를 구합니다. 원하지 않았던 일, 가족 중에 불의한 일에 연루되어 고통에 처하게 되었습니다.

우리 하나님께서 성도님을 불쌍히 여겨 주시고, 연루가 된 본인은 하나님의 은혜를 보게 하시옵소서. 하나님께서 그를 사랑하셔서 하나님께로 돌아오게 하시리라 믿습니다. 하나님의 구원하심을 보여 주시옵소서.

이 근심과 걱정은 아주 잠시일 뿐임을 믿습니다. 어찌해볼 수 없는 상황으로 말미암아 ○○○ (성도)님의 마음을 누르고 있는 악한 세력을 물리쳐 주시옵소서. 흑암의 세력을 걷어내시고, 주님께서 갈보리에서 흘려주신 피, 그 피가 묻은 손으로 만져 주시옵소서.

이 시간에, 하나님의 은혜로 ○○○ (성도)님 가정의 경제를 붙들어 주시옵소서. 흔들리는 경제로 인하여 쓰러지는 어려움이 없게 하시옵소서. 이 가정에서 소용되는 대로 재물을 사용하게 하시고, 생계의 수단이 막히지 않도록 복을 내려 주시옵소서.

사탄은 (성도)님을 쓰러뜨리려고 갖가지의 방법으로 유혹하고 있으나 성령님께서 불 칼과 불 병거로 막아주시옵소서. 악한 생각의 자리에 함께 하지 못하도록 붙잡아 주시옵소서. 오직 여호와를 즐거워하고, 하나님의 은혜를 구하게 하심을 빕니다. ○○○ (성도)님께서 죄인의 자리에 서지 않게 하시옵소서.

예수님의 이름으로 기도드립니다. 아멘 †

71. 빚을 져서 도피 중인 가족

막 4:39
예수께서 깨어 바람을 꾸짖으시며 바다더러 이르시되
잠잠하라 고요하라 하시니 바람이 그치고
아주 잔잔하여지더라

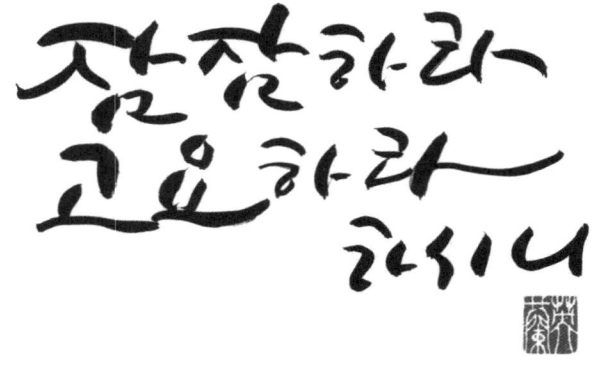

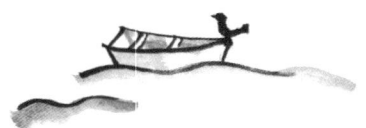

하나님 아버지,

이 시간에, 예비하신 하늘의 복으로 ○○○ (성도)님과 이 가정을 둘러 주시옵소서. ○○○ (성도)님께서 재정의 어려움으로 험악한 시간을 보내고 있지만 하나님의 참으심을 묵상하면서, 이 고난을 참게 하시옵소서. 성도님의 시간에 불어 닥쳐온 풍랑을 잔잔하게 해 주시옵소서.

택하신 백성들과 함께 하시며 밤낮 부르짖는 성도의 기도를 외면하지 않으시고 응답하시는 하나님 아버지께 감사드립니다. 그 하나님이 오늘, ○○○ (성도)님의 하나님이심을 확신합니다. 하늘 문을 여시고, 복 되게 하실 하나님을 바라봅니다.

이 고난은 도리어 하나님의 은혜라고 생각해 봅니다. 살아계신 주를 경험하는 사건으로 바꾸어 주실 것을 기대합니다. 하나님께서 손 그늘로 덮어주셔서 사랑하는 (성도)님의 괴로움을 평안으로 바꾸시고, 눈물로 부르짖음에 신속하게 응답해 주시옵소서.

○○○ (성도)님께 주시는 새로운 은혜로 세상을 이기게 하시옵소서. 이로써 ○○○ (성도)님이 하나님의 뜻을 이루도록 하시옵소서. 저에게 실패가 필요하였기에, 이 순간을 맞이하게 하신 줄로 받아들이게 하시옵소서.

저를 겸손하게 만드시려고, 이 은혜를 주셨습니다. 실패의 환난이 고통처럼 보였으나, 역경의 은혜를 감사함으로 누리게 하시는 중에, 사랑하시는 손길로 저의 손을 잡아 주시옵소서. 주님의 말씀 한 마디로 이 가정의 문제가 사라지도록 역사해 주시옵소서.

　　　　　　　　　예수님의 이름으로 기도드립니다. 아멘 †

72. 재판을 받는 중에 있는 가족

사 54:8

내가 넘치는 진노로 내 얼굴을 네게서 잠시 가렸으나 영원한 자비로 너를 긍휼히 여기리라 네 구속자 여호와께서 말씀하셨느니라

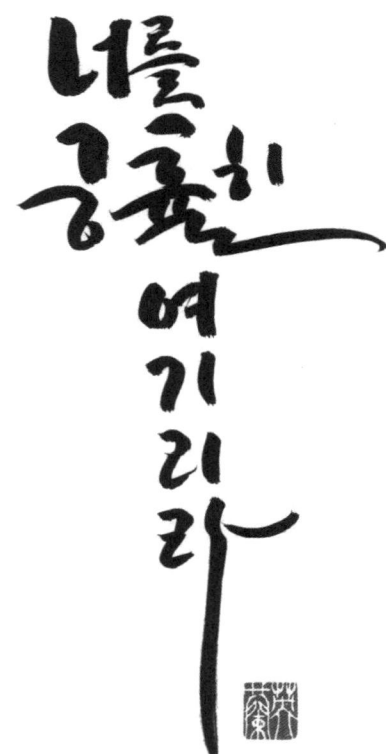

구원에 이르게 하시는 하나님,

ㅇㅇㅇ (성도)님과 이 가정에 굳센 믿음과 복음으로 늘 평안하게 해주셨음에 감사드립니다. 주님께서 저희를 떠나지 마시고 길이 길이 함께 하시옵소서. 하나님의 아끼지 않으시는 긍휼에 위로를 둡니다. 낙심하지 않게 하시며, 새롭게 하시는 하나님의 손을 보게 하시옵소서.

(성도)님의 가정을 주님께서 친히 붙들어 주시며, 앞길을 알 수 없는 두려움에서 평안을 잃지 않도록 복을 내려 주시기를 간구합니다.

재판을 받는 시간에, 하나님 앞에서 자기를 확인하게 하시며, 옳은 행실로 나아가는 과정으로 삼게 하시옵소서. ㅇㅇㅇ (성도)님께서 하나님의 거룩한 백성의 소명을 감당하기를 원하오니 저의 기도를 들어 응답해 주시기를 간구합니다.

이 시련이 저에게 필요하였기에 주셨음을 믿습니다. 저에게는 환난의 시간이지만, 여호와 앞에서 하나님의 사람으로 만들어 주시는 은혜라 믿습니다. ㅇㅇㅇ (성도)님의 가정에서 당하고 계신 실패의 환난을 은혜로 바꾸어서 하늘의 신령한 복을 누리게 하시옵소서.

이대로 주저앉을 수 없어 하늘의 하나님을 바라봅니다. 인간의 역사가 고통과 시련에 용감하게 맞선 사람들에 의해 새로 쓰여졌다면, 저의 실패가 새로운 역사가 되게 하시옵소서. 잠시 받는 환난의 시간을 하나님 앞에서 견디어 후에, 크고 영원한 영광을 보게 하시는 하나님을 기다리게 하시옵소서.

예수님의 이름으로 기도드립니다. 아멘 †

73. 가족 중에 교도소에 수감되어 있음

막 10:47, 48

나사렛 예수시란 말을 듣고 소리 질러 이르되 다윗의 자손 예수여 나를 불쌍히 여기소서 하거늘 많은 사람이 꾸짖어 잠잠하라 하되 그가 더욱 크게 소리 질러 이르되 다윗의 자손이여 나를 불쌍히 여기소서 하는지라

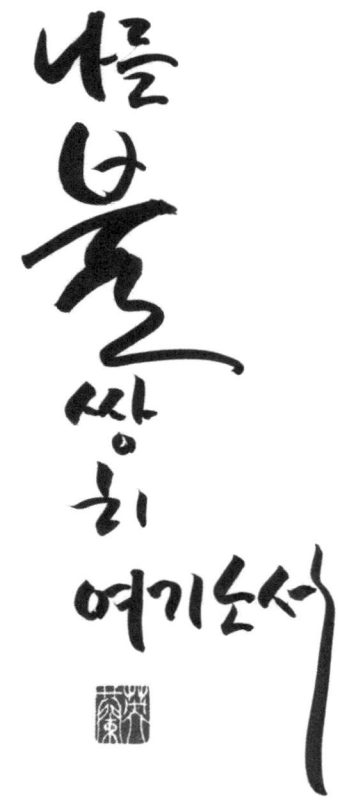

여호와 하나님,

우리 주님의 이름으로 복된 가정을 위하여 간구합니다. 지금, ○○○ (성도)님께서는 육체적으로나 정신적으로, 또는 여러 가지 문제들로 고통을 당하고 있습니다. (성도)님과 그의 가족을 눈동자 같이 지키시는 성령님께서 충만하게 임하여 주시기를 간구합니다.

지금은 바로 주님께 부르짖어야 할 때라고 여겨집니다. 가족의 한 지체가 교도소에 수감되어 있으니 (성도)님과 그의 가정을 불쌍히 여겨 주시옵소서. 나사렛 예수를 부르짖게 하시고, 하나님의 공의를 구하게 하시며, 모든 고통에서 자유함을 얻게 하시고, 주님을 기쁨으로 찬양할 수 있는 삶이 되게 하여 주시옵소서.

이 시간에, ○○○ (성도)님께 하나님의 뜻이 그에게 성취하게 하심을 바라봅니다. 실패의 쓰라림에 좌절하기보다 이 기회에 깨달아야 할 것들을 배우는 은혜를 주시옵소서. 실패라는 연단의 시간을 통해서 온전해지는 모습을 바라보게 하시옵소서.

저희들이 살아가는 환경에서는 언제나 신앙의 성숙에 유익하게 하는 사건이 있다고 믿습니다. ○○○ (성도)님께도 가족의 한 사람이 교도소에서 지내야 하여 고통스런 시간이지만 하나님의 은혜를 보게 하시는 기적의 순간이라고 여겨집니다.

하나님은 우리를 사랑하심을 확신합니다. 원하지 않는 역경을 만나게 하셨지만, 믿음으로 견디게 하시옵소서. 이 곤고함에도, 하나님께서는 여전히 사랑하심을 믿게 하시옵소서. 이 은혜로 말미암아 하나님의 마음에 합하게 하시옵소서.

예수님의 이름으로 기도드립니다. 아멘 †

다섯째 묶음, 교우의 상황별 간구

74. 공부에 흥미를 잃은 자녀

잠 4:23

모든 지킬 만한 것 중에 더욱 네 마음을 지키라
생명의 근원이 이에서 남이니라

지혜를 주시는 하나님,

오늘 이 시간에, ○○○ (성도)님과 그 가정에서 지내는 이들에게 여호와의 임재를 소망하게 하시니 감사드립니다. 성령님께서 사랑하는 성도님 안에 살아 역사하심으로써 저를 온전케 하신 은혜를 감사합니다. 그의 입술이 날마다 하나님께 감사하기에 부족함이 없도록 충만하게 하여 주시옵소서.

(성도)님의 사랑하는 자녀들이 주 안에서 하나님의 은혜로 성장하는 것을 보는 즐거움도 주셨음을 묵상합니다. 지금은 그가 자녀의 문제로 심히 고민하고 있습니다. 성령님께서 저의 마음에 감동을 주셔서 간구하게 하시니 ○○○ (성도)님께 은혜로 이끌어 주시옵소서. 자녀의 공부 문제로 염려하시는 그에게 하늘의 은혜가 내려오기를 사모합니다. 자녀의 상황을 그에게 기도하는 시간으로 받아들이게 하시며, 하나님께서 역사하시려고 만들어 주시는 사건이라 깨닫습니다.

성령 하나님께서 자녀의 마음을 다스리시고, 생각을 주장해 주셔서 공부에 임하게 하시옵소서. 사랑하는 자녀들이 여호와를 경외하는 중에, 성령님의 내주하심으로 지혜롭게 하시옵소서. 그들이 자신이 거절하거나 피해야 할 것들로부터 마음을 지키게 하시옵소서.

먼저, 하나님을 사랑하고 섬기는 것에 우선하는 자녀들이 되게 하시옵소서. 학교에서 공부하는 시간을 소홀히 하지 않게 하시고, 하나님께서 받으시는 시간이 되게 하시옵소서. 그들에게 세상이 감당할 수 없는 지혜로 충만하게 하시옵소서.

예수님의 이름으로 기도드립니다. 아멘 †

75. 자녀가 나쁜 친구들과 어울림

대하 7:14

내 이름으로 일컫는 내 백성이 그들의 악한 길에서 떠나 스스로 낮추고 기도하여 내 얼굴을 찾으면 내가 하늘에서 듣고 그들의 죄를 사하고 그들의 땅을 고칠지라

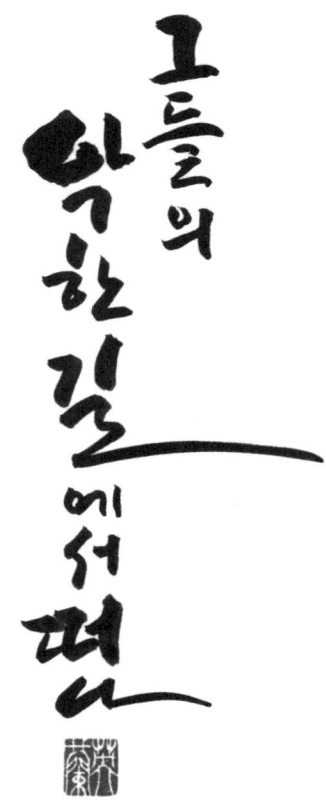

구원해 주시는 하나님,

오늘, 주 안에서 ○○○ (성도)님의 가정을 사랑하며 간구하게 하심을 감사드립니다. 저희들에게 늘 기도로 살아오게 하신 은혜로 ○○○를 위하여 무릎을 꿇게 하셨음을 묵상합니다. 이 시간에, 사랑하는 ○○○의 이름을 여호와께 올려드립니다.

○○○ (성도)님과 ○○○(이)를 하나님께 올려드립니다. 그 가정을 복되게 하시고, 복 있는 자로 살아가기를 하나님께서 원하셨다고 믿습니다. 그 가정을 성소로 삼아 주시고, 거기에 거하는 이들에게 복된 인생을 약속하신 하나님을 바라봅니다.

안타깝게도 여호와께 존귀한 ○○○(에게) 사탄이 틈을 탔으니 불쌍히 여겨주시옵소서. 자녀의 상황으로 하나님을 찾아 엎드린 ○○○ (성도)님의 간구를 들어 주시옵소서.

옳지 않은 행실을 하는 친구들의 꼬임에 넘어가, 그릇된 행동을 할까 두려우니 ○○○(이)의 영혼을 지켜 주시옵소서. 생각이나 말, 행동에 있어서 의인의 자손답게 처신하도록 은혜를 내려 주시옵소서. ○○○(이)가 미혹의 영에 이끌려 탐욕스럽고 방자함에 이르지 않도록 붙들어 주시옵소서. 혹시라도 그에게 죄와 타협하지 않도록 은혜를 날마다 더하여 주시옵소서.

어서 속히 자신의 친구들이 그릇되었음을 깨닫고, 그들에게서 떠나게 하시옵소서. 무릇 지킬만한 것보다 자신의 마음을 더욱 지키는 자녀들이 되게 하시옵소서. 혹시라도 친구들과 어울려서 그릇된 행동을 하게 될 때, 성령님께서 강권적으로 막아주시옵소서.

예수님의 이름으로 기도드립니다. 아멘 †

76. 일탈행동을 일삼는 자녀

시 1:1
복 있는 사람은 악인들의 꾀를 따르지 아니하며 죄인들의 길에 서지 아니하며 오만한 자들의 자리에 앉지 아니하고

불쌍히 여기시는 하나님,

사랑하는 ○○○ (성도)님을 한 지체로 섬기며 교제하게 하신 은혜를 묵상합니다. 딸의 어긋난 행실 때문에 눈물을 쏟고 있는 성도님을 위해서 간구합니다. 성도님께서 자녀들과 더불어 하나님 앞에서 복 있는 자로 살려고 기도를 해 온 시간들을 기억합니다. 오늘도 하나님께서는 이 가정을 불기둥과 구름기둥으로 인도해 주심을 믿습니다.

이 시간에, ○○○ (이)를 위하여 간구합니다. 안타깝게도 불의한 친구들과 어울리다가 그만 학생으로서의 자세를 잃고, 일탈에 이르렀습니다. 딸의 일탈 때문에 괴로워하는 성도님을 받아 주시옵소서. 그리고 자신의 잘못을 인정하려 하지 않고, 도리어 부모에게 반항을 하는 아이를 불쌍히 여겨 주시옵소서.

○○○ (이)를 하나님께서 사랑하신다고 믿고 있습니다. 사랑하는 자녀가 혹시 어긋날 길로 갔다가도 어서 돌아오게 하시옵소서. 욕심의 유혹을 따라 어둠의 길을 걷지 않도록 붙잡아 주시옵소서. 성령님께서 그를 붙잡아 주시옵소서.

악하고 더러운 세대 풍조 안에서 온전한 신앙인으로 살아가기 너무도 힘에 겨움을 고백합니다. 사랑하는 딸을 그대로 버려두지 마시고 주님의 울타리 안에 거하도록 인도해 주시옵소서.

오늘까지도, 그를 위하여 눈물을 쏟고 있는 ○○○ (성도)님의 간구를 들으시고 속히 응답해 주시옵소서. 이 가정에 살아계시는 하나님이 되어 주시옵소서.

예수님의 이름으로 기도드립니다. 아멘 †

77. 뜻하지 않게 질병에 걸렸을 때

호 6:1

오라 우리가 여호와께로 돌아가자 여호와께서 우리를
찢으셨으나 도로 낫게 하실 것이요 우리를 치셨으나 싸매어
주실 것임이라

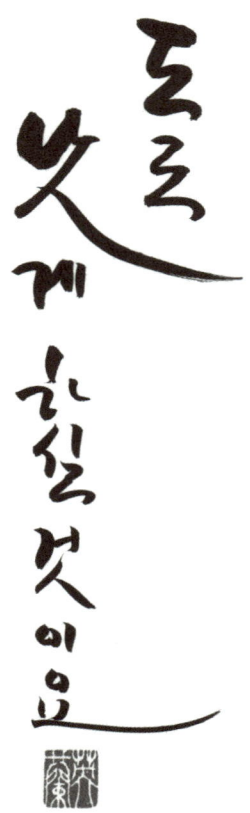

강건하게 하시는 하나님,

오늘, 저희들의 이웃에 병든 지체가 있어, 그의 고통을 안고 간구합니다. 사랑하는 ○○○ (성도)님과 그 가정의 지체들에게 여호와의 임재를 소망하게 하시니 감사드립니다. 이 시간의 기도로 성도님을 사랑하게 해주시니 감사합니다.

저희들이 육신의 몸을 갖고 살아가는 동안에 질병에 걸리기도 하지만 그것도 하나님의 은혜라고 받아들입니다. 하나님께서 고통의 시간을 주신 까닭도 있으신 줄로 믿습니다.

하나님께서 치유의 역사를 일으키시는 시간에, 치료하시는 광선을 보내셔서 환부를 쏘여 주시옵소서. 성령님의 불로 환부를 도려내어 주시고, 썩어진 부분에 새 살이 돋게 하시옵소서. 그가 여호와 앞에서 건강한 육체로 살아갈 것을 축복합니다.

주님께서 기꺼이 사랑하는 (성도)님의 죄를 용서하셨던 그 은혜로 질병에서 낫게 해주실 것을 믿고 감사합니다. (성도)님을 넘어뜨리기 위하여 질병이 발생하였으나 여호와의 크신 능력으로 고쳐 주시고, 싸매어 주시옵소서. 우리 주님께서 채찍에 맞으셨으니 ○○○ (성도)님은 나음을 보게 될 줄로 믿습니다.

앞으로 사는 동안에, 자신을 향하여 언제나 선하시며, 인자하심이 영원한 하나님을 찬양하며 지내시게 하시옵소서. 오늘의 중보기도로 저에게 병든 (형제)를 사랑하는 마음을 주셨으니 감사드립니다. 주님의 이름으로 기름을 바르는 심정으로 (형제)를 대하며, 병 낫기를 위하여 간구하니 속히 낫게 하시옵소서.

예수님의 이름으로 기도드립니다. 아멘 †

78. 졸지의 사고로 다쳤을 때

시 31:7

내가 주의 인자하심을 기뻐하며 즐거워할 것은 주께서
나의 고난을 보시고 환난 중에 있는 내 영혼을 아셨으며

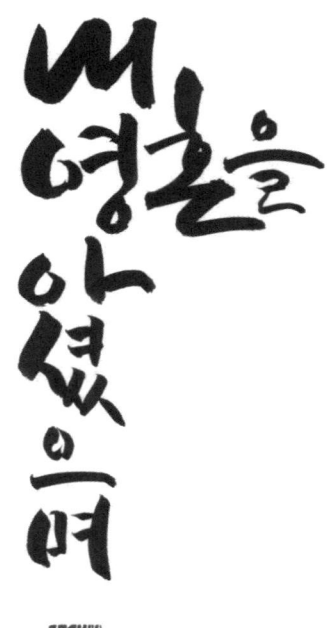

위태한 데서 건져주시는 하나님,

하나님께서는 ○○○ (성도)님을 사랑해 주시는 줄로 믿습니다. 그가 하나님의 자녀가 되어서, 오늘까지 지내오는 동안에 오직 하나님을 사랑하며 신실한 성도로 지내 온 것을 하나님께서 받으신 줄로 믿습니다.

○○○ (성도)님의 느닷없는 사고의 소식에 간구하게 하시니 감사드립니다. 우리 하나님은 고난당한 성도의 하나님이심을 믿습니다. (성도)님께서 고난을 당할 때, 흘리는 눈물과 간구하는 음성을 받으시는 하나님께 감사합니다.

이 시간에, 주님의 이름으로 ○○○ (성도)님을 축복합니다. 어찌할 바를 모르고, 아픔이 견디어 참기 어려우니 성령님의 위로와 치유의 은혜를 내려 주시옵소서. 저로 하여금 죄에 대하여 죽게 하셨을 때, 이미 질병의 권세도 묶음을 받은 줄로 믿습니다. 주님의 능력이 나타나 수술을 통해서 건강한 몸으로 변화를 받게 하시옵소서. 성령님의 살리시는 역사를 보여 주시옵소서.

○○○ (성도)님이 크게 다치지 않은 것에 감사하면서, 이 일에 우리 하나님의 간섭하심이 있으시기를 빕니다. 하나님께서 ○○○ (성도)님을 지켜 주셨기에, 이만한 것을 감사드리니 미련한 저희들이 알지 못하는 하나님의 섭리가 나타나게 해 주시옵소서.

안타까운 틈을 타서 사탄이 영혼을 쓰러뜨리려고 공격해 올 때, 성령님께서 막아 주시옵소서. 육체의 고통은 잠시일 뿐이고 하나님의 크신 은혜가 나타날 줄로 믿습니다.

예수님의 이름으로 기도드립니다. 아멘 †

79. 장애의 상처를 갖게 되었을 때

요 9:3

예수께서 대답하시되 이 사람이나 그 부모의 죄로 인한 것이 아니라 그에게서 하나님이 하시는 일을 나타내고자 하심이라

자비로우신 하나님,

죄와 저주로 죽어갈 수밖에 없는 상황에서 ○○○ (성도)님을 천국 백성이 되게 하셨던 여호와의 예정하셨음을 찬양합니다. 이 시간에는 만의 하나, 천의 하나로 선택을 받은 (성도)님이 안타깝게 되어 간구합니다. 그에게 마음을 열게 하시고, 부족한데 기도를 통해서 사랑하도록 하신 하나님의 긍휼을 생각합니다.

완전한 치유와 회복을 기대했는데, 서운하게도 장애를 지니게 되어 안타깝습니다. 그렇지만 ○○○ (성도)님을 하나님은 홀로 두지 않으시고, 그의 장애를 통해서 영광으로 삼으실 줄로 믿습니다.

사람의 눈에는 그의 장애가 보이지만, 하나님께서는 그것으로 영광을 취하려 하신다는 것을 깨닫습니다. 하나님께의 영광으로 살아가시도록 위로하시고, 힘을 주시옵소서.

○○○ (성도)님에게 하늘의 위로와 소망이 풍성한 삶의 시간으로 이끌어 주시옵소서. 이제, 저희들에게는 그의 아픔을 저희들의 아픔처럼 여기게 하시고, 기도하게 하시옵소서.

웃음이 꽃피어야 하는 가정이, 우환으로 근심 중에 있으니 이 어두움의 세력을 몰아내 주옵소서. 온 식구들이 마음의 고통 중에 있으니, 서로에게 친절을 베풀게 하시고, 관대하게 하시옵소서.

저희들의 눈물을 받으셔서 그에게 슬픔 중에도 소망을 보게 하시옵소서. 혹시라도 장애에 대한 두려움에 사탄이 틈을 타서 낙심으로 떨어뜨리지 않게 하시옵소서. 예수님의 피로 죄를 씻음을 받고 구원을 받았으니, 사탄이 얼쩡거리지 않게 하시옵소서.

예수님의 이름으로 기도드립니다. 아멘 †

80. 식구들의 애정결핍

시 133:3
헐몬의 이슬이 시온의 산들에 내림 같도다 거기서
여호와께서 복을 명령하셨나니 곧 영생이로다

번성하게 하시는 하나님,

여호와께 존귀한 ○○○ (집사)님과 그의 가정을 축복합니다. 하나님께서 세워주신 가정에 식구들이 함께 살아가고 있으니, 가정에서 성소를 경험하게 하시며, 우리 하나님을 예배하는 삶으로 지내게 하시옵소서. (집사)님과 식구들의 삶이 '산 제사'의 모습에 하나님께 드려지고, 부모와 자녀들이 사랑의 하모니로 지내는 복된 삶이 되도록 이끌어 주시옵소서.

여호와를 모시고 사는 이 가정의 식구들에게 하나님을 사랑하는 소원을 주시옵소서. 하나님께서 우리를 사랑하시니 서로 사랑을 더하는 지체들이 되게 하시옵소서. 부부의 사랑에 하나님의 사랑이 풍성하게 하시고, 부모와 자녀들의 사랑에 하나님의 사랑이 흐르게 하시며, 자녀들끼리는 동기의 우애가 넘쳐나게 하시옵소서.

사랑의 영으로 충만하게 하시옵소서. 성령님의 열매 중에 사랑을 맺어 하나님을 사랑하며 지내게 하시옵소서. 그 사랑으로 부모와 자녀들에게도 사랑이 꽃을 피워 그 향기가 아름답게 하시옵소서. 하나님 앞에서 날마다 사랑이 더해지는 공동체가 되도록 인도해 시옵소서. ○○○ (집사)님의 가정이 사랑으로 세워져서 ○○ 교회의 지체들에게도 아름다운 소문으로 가득하게 하시옵소서.

하나님의 은총을 통해서 이 가정의 식구들이 보시기에 심히 좋게 해 주시옵소서. 부모와 자녀들, 각 사람에게 하나님의 형상을 회복시켜 주시고, 서로가 서로를 향해서 하나님의 사랑을 나타내게 하시옵소서.

예수님의 이름으로 기도드립니다. 아멘 †

81. 배우자의 불륜

아 2:15

우리를 위하여 여우 곧 포도원을 허는 작은 여우를 잡으라
우리의 포도원에 꽃이 피었음이라

공의와 자비의 하나님

하나님을 사랑하며 그 은혜로 살아가시려는 ○○○ (집사)님을 생각하게 하시니 감사합니다. 오늘, 그의 가정에 대하여 안타까운 소식을 접하고 하나님께 간구합니다. (집사)님의 가정, 부부의 삶이 하나님께 드려지는 제물이 되어 지내셔야 하는데 사탄의 참소로 그만 어두운 데로 떨어지고 말았습니다.

이 시간에, 저의 간구를 받으시고, 하나님께 영광이 드려지게 하시옵소서. 안타까운 소식에 저희들은 어찌 할 바를 모르나 ○○○ (집사)님의 가정이 여호와의 손에 달려 있음을 믿습니다. 구원은 오직 주님께 있으니, 이 상황에서 주님의 은혜를 받게 하시옵소서.

혹시, 사탄의 참소로 말미암은 것이라면, 음란의 영에 유혹되어서 자신을 내어준 것이라면 주님의 십자가로 물리쳐 주시옵소서. 집사님의 부부 두 사람이 서로에게 정결하기를 원하였는데, 더러운 영에 자기를 내어주고 말았습니다.

사랑하는 종의 가정을 불쌍히 여겨 주시옵소서. 우리 하나님께서 사랑하시는 (집사)님의 가정에 사탄이 틈을 타지 않도록 보호해 주시옵소서. 혹시라도 죄의 유혹을 받아 자신을 내어주지 않는 가정이 되도록 지켜 주시옵소서.

하나님의 강권하시는 은혜로 ○○○ (집사)님께서 자신을 돌아보게 하시고, 죄악의 길에서 돌이키게 하시옵소서. 지금, 그의 눈물을 보시는 하나님을 찬양합니다. 오직 서로를 사랑으로 섬기는 부부가 되게 하시옵소서.

예수님의 이름으로 기도드립니다. 아멘 †

82. 이혼을 하게 되었을 때

말 2:16

이스라엘의 하나님 여호와가 이르노니 나는 이혼하는 것과 옷으로 학대를 가리는 자를 미워하노라 만군의 여호와의 말이니라 그러므로 너희 심령을 삼가 지켜 거짓을 행하지 말지니

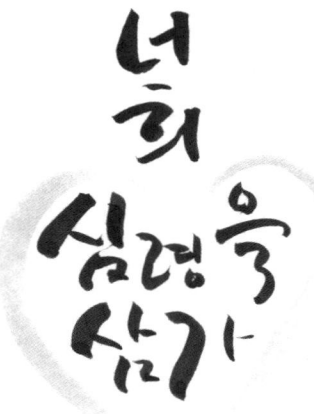

위로해 주시는 하나님,

영혼이 잘됨 같이 범사가 잘 되고, 강건하기를 원하시는 하나님의 은혜가 ○○○ (집사)님과 그 가정에 넘치기를 소망합니다. 사랑하는 (집사)님께서 가정을 이루어 평생을 사랑으로 지내기를 원하였으나 이혼하게 되었으니, 하나님의 위로하심을 빕니다.

저의 간절한 간구를 받아주시고, 그 간구에서 영광을 받으시며, (집사)님께는 눈물을 닦아주시는 은혜를 내려 주시옵소서. 부부의 이혼으로 당사자인 두 사람은 물론, 자녀들까지 아픔을 겪게 되었습니다.

그러나 이 상황을 하나님도 보고 계시다고 믿습니다. 사랑하는 종이 기도하는 중에 결심을 하게 하시고, 이혼마저도 하나님의 뜻을 구하는 것이 되기를 사모하니, 여호와의 인도하심이 (집사)님에게 나타나게 하시옵소서.

○○○ (집사)님께서는 비록 약하지만 예수님은 강하시다고 믿습니다. 이혼이라는 기억으로 아파하며 뒤로 떨어지지 않게 하시옵소서. (집사)님께서 예수님을 의지할 때, 도리어 그리스도로 인하여 강해진다는 하늘의 비밀을 깨닫게 해 주시옵소서.

이혼의 아픔에 연연하지 않고, 하나님의 새롭게 하심을 기대하는 (집사)님이 되게 하시옵소서. 이제까지와 같이 거룩하게 살아가는 은혜를 누리게 하시옵소서. 하나님께서 저에게 원하시는 삶의 의미를 깨달아 순종의 삶을 살게 하시옵소서. 하나님을 구하며 하나님께 영광으로 살아가게 하시옵소서. 자녀들도 하나님 아버지를 더욱 가까이 찾고, 지내게 하시옵소서.

예수님의 이름으로 기도드립니다. 아멘 †

83. 첫돌(백일) 잔치

창 17:19

하나님이 이르시되 아니라 네 아내 사라가 네게 아들을 낳으리니 너는 그 이름을 이삭이라 하라 내가 그와 내 언약을 세우리니 그의 후손에게 영원한 언약이 되리라

하나님 아버지,

구원의 은혜를 누리며 날마다 복되게 살아오신 ○○○ 권사님께 은혜의 시간을 주셨음에 주님의 이름을 높여 드립니다. 사랑하는 ○○가 첫돌을 맞이하는 이 날까지 이 가정에 베풀어주신 사랑에 감사하면서 그 이름을 송축합니다. 하나님의 크신 이름이 ○○에게 은혜를 나타내셨고, 이 가정을 복스럽게 인도해 주셨습니다.

우리에게 자녀들을 허락해 주신 은혜를 감사드립니다. ○○가 태어났을 때부터 여호와께 은혜를 받았은즉 어려서부터 자라가면서 이 아이를 향하신 하나님의 은총을 입게 하시옵소서. 앞으로 하나님께서 사람을 부르실 때, 일꾼으로 부름을 받게 하시고, 주님의 나라와 이 나라를 위해서 소중하게 쓰임을 받는 인생이 되기를 소망합니다.

간절히 빌기는 이 가정에서 빈 그릇에 기름으로 채워졌던 은혜를 경험하게 하시옵소서. 귀한 아기의 양육을 위해서 소용되는 사용할 수 있도록 재물의 넉넉함을 누리게 하시옵소서. 여호와의 풍성하신 손길로 부요한 환경 속에서 아기를 키우는 부모가 되게 하시옵소서.

저에게 ○○를 사랑하는 마음을 주시옵소서. 이제까지도 그를 사랑하여 기도로 돕고, 이 가정을 위해 간구해 온 것을 기뻐합니다. 앞으로 ○○가 자라가는 동안에 그에 대하여 너그러운 사랑을 품게 하시고, 아이의 장래를 위해서 더욱 기도하기를 소망합니다.

예수님의 이름으로 기도드립니다. 아멘 †

84. 생일 잔치

민 6:25, 26

여호와는 그의 얼굴을 네게 비추사 은혜 베푸시기를 원하며 여호와는 그 얼굴을 네게로 향하여 드사 평강 주시기를 원하노라 할지니라 하라

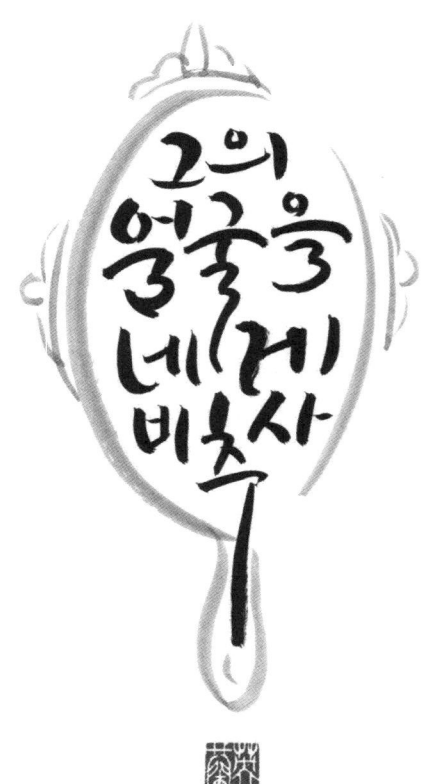

하나님 아버지,

○○○ 성도님께서 예수님을 알고, 구원에 이르게 하심을 감사드립니다. 하나님께서 아버지가 되어 주셔서, 그리스도인으로 살아가시기를 기쁘게 하신 은혜에 찬양을 드립니다. 오늘, ○○회 생신을 맞이해서 온 가족이 즐거워합니다. 성도들도 함께 축하의 자리를 만들었사오니, 복된 시간이 되게 하시옵소서.

영광을 받으셔야 하실 하나님께 영광과 존귀를 드립니다. 오늘의 예배를 통해서 그의 인생이 평생 예배의 삶이기 원합니다.

하나님께서 주신 날을 하나님의 자녀로 살아가 산 제사를 드리는 생신의 날이 되기 원합니다. 주님 앞에서 사시는 날 동안 성도님께서 주님의 자녀답게 생각하여 그리스도의 장성한 분량에 이르는 성숙이 이루어지도록 인도하시며, 주님의 품 안에서 모자람이 없는 삶을 살아가도록 날마다 만족하게 하시옵소서.

주님께서 원하시는 대로 저를 주관하여 주시되, ○○○ 성도님의 손과 발을 민첩하게 하사, 주님의 일을 위하여 쓰게 하시옵소서. 고난을 당하고 있는 자들과 외로운 자들에게 위로의 손길을 펼 수 있게 하시며, 타락한 자들을 붙들어 주며, 불쌍한 자들에게 주님의 사랑을 나타내며, 주린 자들을 돌아보며 위로하게 하시옵소서.

이 가정의 식구들에게 주님의 크신 사랑으로 채워지기 원합니다. 성도님 부부에게는 자녀들을 돌아보실 때, 부모의 권위보다, 하나님의 사랑으로 자녀들을 훈계하시는 부모님이 되게 하여 주시옵소서.

예수님의 이름으로 기도드립니다. 아멘 †

85. 회갑 잔치

시 92:12, 13

의인은 종려나무 같이 번성하며 레바논의 백향목 같이 성장하리로다 이는 여호와의 집에 심겼음이여 우리 하나님의 뜰 안에서 번성하리로다

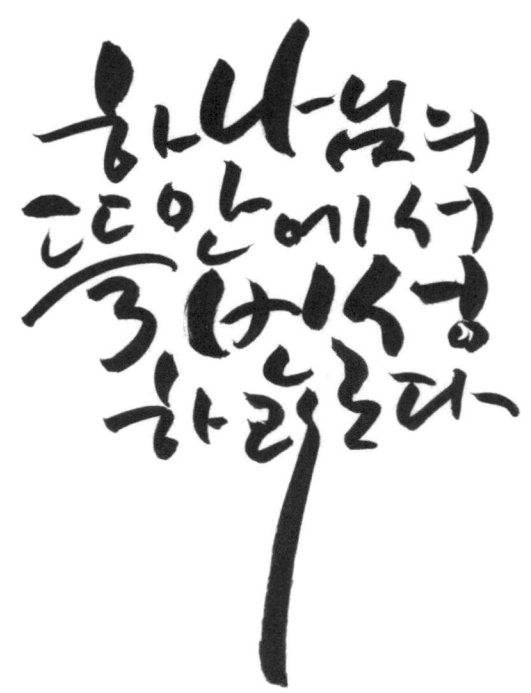

하나님 아버지,

홀로 영광을 받으실 주님의 이름을 부릅니다. 인생의 생사화복이 주님의 손에 있어, 모두가 장수하지 못 하는데, ○○○ 권사님께서는 회갑을 맞이하셨습니다.

이렇게 좋은 날이 어디에 또 있으리요. ○○○ 권사님과 함께 기도로 도우면서 사랑 안에서 교제하던 성도들이 모여서 주님의 이름을 찬양합니다.

○○○ 권사님이 주님 앞에서 아름다운 노년의 인생이 시작되기를 원합니다. 여종의 노년의 인생이 하나님만을 찬양하는 시간으로 채워지기를 원합니다.

권사님의 찬양이 기도가 되고, 간구가 되게 하셔서 주님의 일이 이 땅에서 이루어지게 하시옵소서. 그녀의 아름다움이 하나님과 이웃 사람들을 섬기는 봉사로 하나님께 영광이 돌려지기 원합니다.

○○○ 권사님의 평생에 나타난 여호와의 은혜로 교회를 섬기는 종이 되게 하시옵소서. 저의 생애가 복이 되는 만큼 더욱 더 교회를 섬기는 종이 되게 하시옵소서.

권사님께 경건한 가정을 주셨음에 감사드립니다. 의롭게 살기를 소원하는 자녀들이 주님의 말씀에 순종하여 열매를 많이 맺게 하시옵소서. 의인의 자손으로 살아가고 있는 저들이 예수님의 사랑을 실천하여 이웃 사람들을 돕는 착한 행실에 힘씀으로 하나님을 영화롭게 해드리게 하시옵소서.

예수님의 이름으로 기도드립니다. 아멘 †

86. 고희 잔치

잠 16:31
백발은 영화의 면류관이라 공의로운 길에서 얻으리라

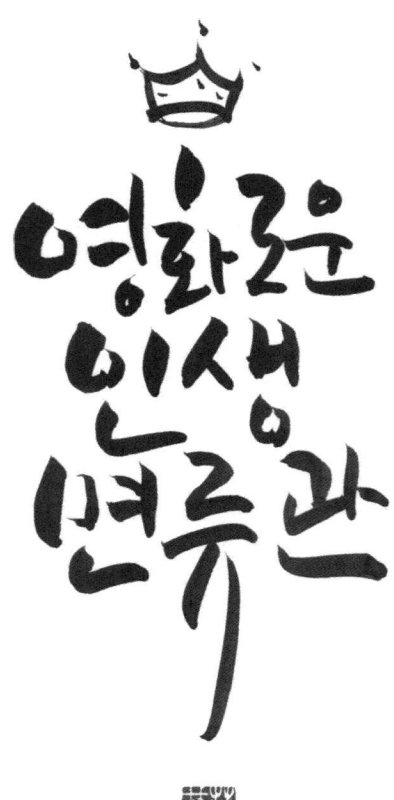

만왕의 왕이신 하나님,

주님의 백성들이 머리를 숙였으니 영광을 받아 주시옵소서. ○○○ 집사님의 고희에 즐거움을 나눕니다. 하나님께서 노년의 그를 사랑하셔서 자녀들이 교회의 제직이 되는 기쁨을 주셨고, 잔치를 열게 하심에 감사합니다.

고희를 즐거워하여 감사할 때, 집사님께는 더욱 건강이 넘치는 역사를 허락하시옵소서. 우리 집사님에게 건강과 재물, 장수의 복까지 주셨으니 오직 하나님께 영광을 드립니다.

그의 노년이 주님께 황금의 시간이 되어 생명의 면류관, 이기는 자에게 주어지는 승리의 면류관을 약속받는 생활이 되시기를 원합니다. 이제까지 손을 잡고 동행해 주셨던 그대로 주님과 함께 지내시는 은혜를 주시옵소서.

귀한 가정에 땅에서 풀어 하늘에서도 풀리는 재물의 은혜를 내려 주시옵소서. 여호와의 부요하게 하심으로 재물을 통해서 하나님께 영광을 나타내는 가정이 되기를 원합니다. 재정적으로 봉사하도록 차고 넘침을 이루어 주시옵소서.

주님께서 귀히 쓰시는 종의 가정을 축복합니다. 장로님께서는 불신 가정에서 태어나 먼저 주님을 영접하고, 온 가족을 주님께로 인도하였습니다. 그가 가족을 사랑하고, 부모에게 효도하기 위해서 영혼구원에 힘써 저희들 모두에게 보배가 되었습니다. 이제, 바라기는 모든 식구들이 부모에게 더욱 더 효도하게 하시옵소서.

예수님의 이름으로 기도드립니다. 아멘 †

87. 약혼

창 24:65
종에게 말하되 들에서 배회하다가 우리에게로 마주 오는 자가 누구냐 종이 이르되 이는 내 주인이니이다 리브가가 너울을 가지고 자기의 얼굴을 가리더라

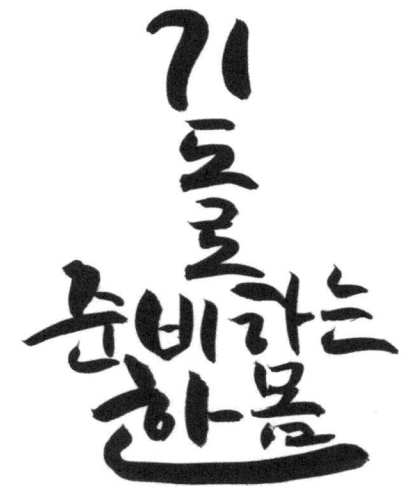

하나님 아버지,

○○○ 집사님과 ○○○ 집사님의 자손들에게 복을 주심에 찬양을 드립니다. 하나님의 은혜는 두 분 집사님을 통해서 그들의 자녀들에게까지 이어지게 하셨습니다. 아브라함의 후손이 잘 되게 하셨던 것처럼, 두 분 집사님의 후손이 잘 되어 오늘은 두 가정에 약혼예식을 허락하셨습니다.

약혼예식의 주인공인 ○○○ 자매와 ○○○ 형제의 경배를 받아주시옵소서. 이들 두 사람이 서로 만나서 주님의 사랑으로 결혼을 소원하게 하셨으니 감사하는 시간이기를 소망합니다.

이들을 세상에 보내셨던 것처럼, 이들의 생명이 복되게 하시옵소서. 주님께서 사랑의 오른팔을 펴서 약속하신 복이 신랑과 신부에게 이루어지게 하시옵소서. 주님의 자녀들이 한 마음으로 주님을 기리고 찬송을 드리게 하시옵소서.

사랑하는 가정에서 믿음의 아들과 딸이 나와 약혼을 하게 되었으니, 주님의 섭리에 찬양을 드립니다. 자녀에게 새 가정을 만들어 주려는 부모들을 축복합니다. 부모의 기도가 가정을 이루는 반석이 되기를 소망합니다.

사람들의 사랑을 통해 역사의 줄기를 펼쳐 가시는 주님이십니다. 이들의 사랑이 시간의 흐름과 함께 더욱 깊어지는 강물이게 하시옵소서. 두 사람이 교제를 하는 동안에 너를 위해서 기꺼이 나를 접어두는 겸손을 배우는 지혜도 주시옵소서.

　　　　　　　예수님의 이름으로 기도드립니다. 아멘 †

88. 결혼

창 2:24

이러므로 남자가 부모를 떠나 그의 아내와 합하여 둘이 한 몸을 이룰지로다

하늘의 하나님,

참으로 좋은 시간입니다. ○○○ 자매와 ○○○ 형제가 한 몸이 되게 하신 하나님께 영광을 드립니다. 아무도 모르던 날에 두 사람의 만남을 예비하신 하나님의 이름을 찬양합니다. 우리 하나님은 좋으신 분이시라, 두 사람이 첫 만남을 가졌던 시간부터 서로에 대하여 신실하게 하셨고, 사랑하게 하셨습니다.

먼저 두 사람이 신랑과 신부로 하나님 앞에 서기까지 사랑을 다한 부모님을 축복합니다. 아들을 키워 늠름한 청년이 되도록 애를 쓴 신랑의 부모님과 딸을 곱게 키워서 꽃보다도 예쁘게 자라도록 수고를 한 신부의 부모님에게 위로의 시간이 되기 원합니다. 신부와 신랑이 하나님 앞에서 가정을 준비하오니, 새 날들을 열어 주시옵소서.

신랑 ○○○ 형제와 신부 ○○○ 자매의 서로를 향한 사랑이 단풍잎보다도 더욱 붉게 물들어 한 몸을 이루게 하셨습니다. 오늘의 이 행복과 기쁨 속에는 이들을 정말로 사랑하는 많은 이들의 땀과 기도가 스며있음을 늘 기억하며 살게 하시옵소서. 두 사람을 만나게 하신 하나님의 열심으로 서로를 신뢰하며, 그들의 생명이 다하기까지 사랑하며 살게 하시기를 소망합니다.

이제, 새 가정을 꾸미는 이들과 자녀들을 혼인시킨 부모들에게 성령님의 충만하심이 넘치기 원합니다. 두 사람이 세상에 태어나서 자라기까지 성령님께서 도우시고, 인도하셨습니다. 그 성령님께서 양가의 부모들을 인도하시옵소서.

예수님의 이름으로 기도드립니다. 아멘 †

89. 개업

잠 3:4
그리하면 네가 하나님과 사람 앞에서 은총과 귀중히 여김을 받으리라

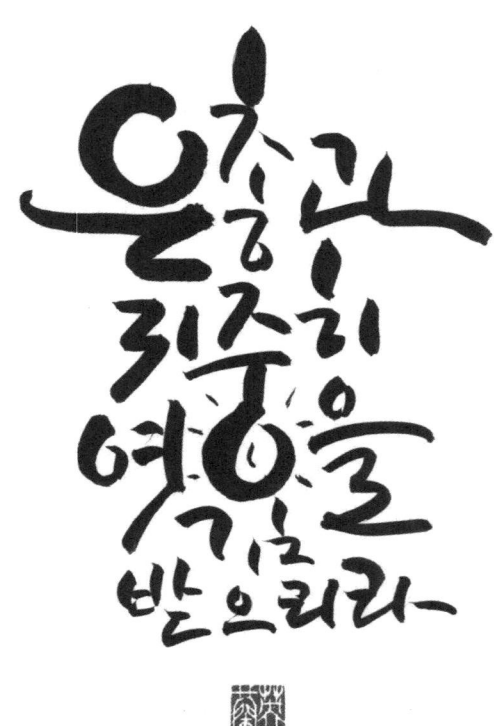

하나님 아버지,

○○○ 집사님에게 복의 분깃으로 개업하도록 하셨음에 영광을 드립니다. 저의 손을 복되게 하시고, 생업을 통해서 재물과 부귀를 주시려고 좋은 일을 행해주셨습니다. 집사님께서 이제까지도 자신에게 맡겨진 일에 성실하셨던 그 근면으로 이 사업체를 운영하도록 하시옵소서. 저에게 근면함과 바르게 살려는 마음을 주시기 원합니다.

○○○ 집사님을 사랑하며 축복합니다. 이른 비와 늦은 비가 적당히 내리는 은혜를 경험하게 하시옵소서. 그래서 곡식과 포도주와 기름을 많이 얻음이 있는 것처럼 ○○○ 집사님에게 이 사업체로 말미암아 먹고 배부름이 있기를 축복합니다. 젖과 꿀이 흐르는 사업체가 되어 풍족한 삶으로 주님께 영광을 드리게 하시옵소서.

주님의 깃발을 높이 들고 사업을 시작하시는 ○○○ 집사님의 손과 발을 축복합니다. 이스라엘 백성들에게 약속의 땅을 주셨듯이 ○○○ 집사님에게 주리라 말씀하신 것을 다 받아 누리도록 인도해 주시기를 소망합니다. 우리 하나님이 돕는 자가 되셔서 주님이 도움이 되셨다는 감사의 고백을 하게 하시옵소서.

○○○ 집사님에게 새 일터를 주셨으니, 이 기업의 운영을 통해 더욱 교회에 봉사하는 종이 되게 하시옵소서. 저의 손길로 하나님의 교회가 더욱 부흥되기를 소망합니다. 귀한 종이 교회와 사업장에서 균형적으로 봉사하도록 인도해 주시옵소서.

예수님의 이름으로 기도드립니다. 아멘 †

90. 임종

고후 5:1

만일 땅에 있는 우리의 장막 집이 무너지면 하나님께서 지으신 집 곧 손으로 지은 것이 아니요 하늘에 있는 영원한 집이 우리에게 있는 줄 아느니라

전능하신 하나님,

평생을 경건하게 살아오신 ○○○ 장로님께서 달려갈 길을 마치시는 지점에 이르셨습니다. 사람은 누구나 죽음을 피하려 발버둥치지만, ○○○ 장로님께서는 천국에 대한 소망을 갖게 하시니 감사드립니다. 장로님의 환희에 찬 모습에서 오히려 저희들이 위로를 받으니 하나님께 영광을 드립니다.

이 시간에, ○○○ 장로님을 축복합니다. 그가 이제까지 누려왔던 복 중에서 최고의 복으로 임종의 시간을 보내게 하시옵소서. 임종을 지켜보는 자손들에게도 아버지의 복이 이어지게 하시옵소서.

야곱이 잠에서 깨어나 돌단을 쌓은 것처럼, 평소에 ○○○ 장로님께서 보여주셨던 그 생활, 그 믿음 본받는 후손들이 되기 원합니다. ○○○ 장로님께서 숨이 지실 때가 되도록 찬송하면서 주님 앞에 더 가까이 다가가셨던 것과 같은 은혜를 허락하시옵소서. 아버지의 신앙의 대를 이어 이 땅에서 승리의 삶을 사는 가족이 되게 하시옵소서.

○○○ 장로님께서는 자신의 가족들뿐만 아니라, 교회의 성도들에게도 믿음의 본을 보여 왔습니다. 늘 천국을 소망하였고, 하늘나라에 쌓아두는 열매를 강조해 왔습니다. 저희들이 살아가는 세상에는 넓은 길, 넓은 문이 있사오니 주님의 말씀처럼 비록 힘들지라도 '좁은 길, 좁은 문'을 통해서 하나님 나라에 이르게 해 주시옵소서.

예수님의 이름으로 기도드립니다. 아멘 †

여섯째 묶음, 교우의 경조사 간구

91. 장례

계 14:13
또 내가 들으니 하늘에서 음성이 나서 이르되 기록하라 지금 이후로 주 안에서 죽는 자들은 복이 있도다 하시매 성령이 이르시되 그러하다 그들이 수고를 그치고 쉬리니 이는 그들의 행한 일이 따름이라 하시더라

하나님 아버지,

영광스럽고 복된 날에, 구원의 주 여호와의 이름을 높입니다. 엊그제까지 고 ○○○ 권사님을 주 날개 아래 거하는 삶을 살게 하시고, 하나님의 도성으로 끌어올리셨습니다. 고인은 이제, 유한한 세상, 눈물의 세상에서 천국으로 이사하셨습니다. 천사들과 더불어 지낼 곳으로 옮겨주신 주님의 이름을 기립니다.

주님께서 명하신대로 고 ○○○ 권사님의 몸을 흙으로 보내는 이 예식을 축복합니다. 고인의 신앙을 귀히 여기면서 의롭게 살아온 유족을 축복합니다. 우리의 영혼을 구속하시며 저희들의 힘이 되시는 하나님을 믿고 있는 성도들을 축복합니다. 이 자리에 모인 저희들로 하여금 주님의 약속과 영생의 복음을 확실히 믿게 하시옵소서.

고 ○○○ 권사님의 평생에 주어졌던 복을 후손들이 누리게 하시옵소서. 저의 생전에 가족을 위해서, 자녀들을 위해서 간구했던 기도의 응답을 보게 하시옵소서. 어머니의 기도로 후손들의 생애가 더욱 복되게 하시고, 주님의 품 안에서 형통한 삶을 살게 하시옵소서.

주의 종이 이 세상에 사는 동안 선한 싸움을 싸워 승리하였고 우리의 본이 되었음을 감사드립니다. 우리들도 그의 뒤를 따라 하나님의 영원한 나라의 유업을 얻도록 이끌어 주시옵소서. 이 땅에서 환란과 역경을 이기며 하늘의 소망을 빼앗기지 않도록 도와주시옵소서.

예수님의 이름으로 기도드립니다. 아멘 †

교회를 위한 읽는기도 91일

1판 인쇄일 2021년 5월 20일
1판 발행일 2021년 5월 25일

지은이_ 한치호
펴낸이_ 한치호
펴낸곳_ 종려가지
등 록_ 제311-2014000013호(2014. 3. 21)
주 소_ 서울특별시 은평구 은평로 14길 9-5
전 화_ 02. 359. 9657

캘리그라피 _ 이영란 (사)한국문화예술가협회 소속작가
디자인_ 표지 이순옥 / 본문 구본일
제작대행_ 세줄기획(02.2265.3749)

값 9,000 원

ISBN 979-11-90968-19-5   03230

ⓒ2021, 종려가지

문서사역에 대한 질문은 모바일 010. 3738. 5307로 해주십시오.